個人の業務改善も
組織への導入＆活用も
1冊で完全理解！

会社で
使える
ChatGPT

著

マスクド・アナライズ

東洋経済新報社

はじめに

「君は来月から ChatGPT 導入プロジェクトの担当だ」

　もしも上司にこう言われたらどうしますか。話題なので名前は知っているものの、どうやって会社に導入すればよいでしょうか。

　そこで X（旧 Twitter）や YouTube や Instagram で、ChatGPT について調べてみましょう。

神アプデ！　ChatGPT の新機能で世界が変わる！
知らないとヤバい！　ChatGPT で大リストラ時代が到来！
ChatGPT で副業！　月10万円稼げる必勝マニュアル！
シリコンバレーで話題！　ChatGPT を超えた次世代 AI が登場！

　どう考えても、会社の ChatGPT 導入に役立つ情報ではありません。SNS は断片的な情報ばかりで、動画は自己紹介と宣伝の合間に使い方を紹介しており、時間をかけても必要な情報を把握できません。そこで書店に行って、本や経済誌の特集を探してみます。

私の ChatGPT 活用法
ChatGPT は100年に一度の革命
アメリカの有名企業による最新 AI 導入事例
ChatGPT で「〇〇」と命令して「〇〇」と回答した

　どうやらメールや資料の文章を考えたり、相談相手になってくれるようです。しかし「プロンプト」と呼ばれる命令文と回答が並ぶだけの本を読んでも、会社に導入できるとは思えません。さらに世界を揺るがす革命やアメリカの事情について語られても、現実味がありません。

ビジネスパーソンの皆様、目を覚ましてください！　ChatGPT は神ではなく、リストラもしませんし、ましてや副業で小遣い稼ぎもできません。ChatGPT の役割は、文章を作ったり相談するだけではありません。そしてプロンプトと回答のやり取りを知るだけでは、ChatGPT を会社に導入できません。最新ツール（ただし英語）や、アメリカとシリコンバレーの事例を紹介しても、上司は納得しません。

　そこで本書は初心者が仕事で ChatGPT を使いこなし、会社に導入して活用するまでの流れを 1 冊で学べる構成にしました。自分の仕事と会社で役立つ最新機能から、日本企業における導入活用事例を多数紹介します。

　本書のタイトルは『会社で使える ChatGPT』です。目的は「企業における ChatGPT 導入活用プロジェクトを成功させること」です。ChatGPT を「どう使うか？」「何ができるか？」「どんな準備が必要か？」「安全に使うには？」「業務改善を実現するには？」「広く利用してもらうには？」という現実的な課題を解決します。さらに ChatGPT の導入活用を早期に実現した 4 社（三井住友海上・ライオン・住友生命・ベネッセ）に取材し、今すぐ役立つ知見をまとめました。

　ここに宣言します。

一つ、大げさな表現やお気持ちポエムを語りません。
二つ、プロンプト（命令文）と回答結果の紹介ばかりしません。
三つ、難しい専門用語や意識高い系ワードは使いません。
四つ、英語のツールと海外の事例を紹介しません。
五つ、ChatGPT で御社の業務改善を実現します。

　本書を読んで「会社で使える ChatGPT」を習得して、上司から担当者に任命される危機的状況を乗り越えてください。

はじめに ……………………………………………………………… 1

ChatGPTを知る

本書の役割 …………………………………………………………… 10
なぜChatGPTを学ぶのか？ ………………………………………… 12
ChatGPTとは何か？ ………………………………………………… 15
ChatGPTの仕組み …………………………………………………… 16
ChatGPTは質問力が9割 …………………………………………… 17
検索とChatGPTの違い ……………………………………………… 19
AIブームの失敗を繰り返さない …………………………………… 22

ChatGPTを使う

ChatGPTの始め方 …………………………………………………… 26
ChatGPTの基本①：質問と回答 …………………………………… 31
ChatGPTの基本②：追加の指示を出す …………………………… 33

003

ChatGPTの基本③:誤った回答をしてしまう ……… 35
プロンプトの解説 ……… 37
利用制限と機能比較 ……… 45
ファイルの登録・操作 ……… 46
GPT-4V(画像・音声認識) ……… 49
Browsing(ウェブ参照) ……… 53
Advanced data analysis(データ分析) ……… 55
GPT(専用ChatGPT)とGPTストア ……… 62
スマホアプリ ……… 68
有料版(ChatGPT Plus)の登録と機能 ……… 70
ChatGPTを使いやすくする ……… 75
利用における注意点 ……… 81
Chrome拡張機能 ……… 83
ChatGPTを業務改善につなげる ……… 86

"仕事"で使えるChatGPT

自分の仕事で業務改善 ……… 88
業務改善における「守破離」 ……… 90
3つの「型」 ……… 93

6つの「系統」 ———— 95

調査系 ———— 97

生成系 ———— 98

対話系 ———— 100

チェック系 ———— 102

分析系 ———— 104

プログラミング系 ———— 106

業務改善に必要な「棚卸し」 ———— 108

「型」と「系統」のまとめ ———— 111

自分で取り組む業務改善 ———— 113

会社で使えるから意味がある ———— 115

第4章 "会社"で使えるChatGPT

企業がChatGPTを導入活用する理由 ———— 118

なぜ失敗するのか？ ———— 119

ChatGPTを活かす環境整備 ———— 123

導入活用プロジェクトの流れ ———— 125

導入のきっかけ ———— 126

プロジェクトチーム立ち上げ ———— 128

ガイドラインの制定 ································ 137

データ基盤の整備 ································ 146

課題設定 ···································· 153

社内政治 ···································· 156

スケジュールと費用 ······························ 159

開発と実装 ·································· 163

社内への導入と展開 ······························ 168

効果測定と成果のアピール ··························· 177

導入後におけるチームの役割 ·························· 182

働き方と組織の変化 ······························ 187

導入企業の活用事例

三井住友海上火災保険株式会社 ······················ 194

ライオン株式会社 ································ 197

住友生命保険相互会社 ···························· 201

株式会社ベネッセホールディングス ····················· 204

最終章
人間に残された仕事は"土下座"だけなのか？

2025年のChatGPT	208
ChatGPT×データ×人間＝価値	212
人間に残された仕事は"土下座"だけなのか？	216

付録
もっとChatGPTを使いこなす

高度なプロンプト	220
DALL・E（ダリ）	223
GPTs（専用ChatGPT）の使い方	228
データ分析を使いこなす	239
ChatGPT以外の生成AI	245
様々なAI系ツールを使いこなす	250
参考資料／取材・執筆協力	251

【免責事項】

　本書に記載されている内容は2024年6月時点の情報です。ChatGPT は短期間で不定期に変更されるため、機能や画面や処理の結果などが、本書の内容と実際とで異なる場合があります。また料金体系も為替変動を含めて実際の金額とは異なる場合があります。必ず最新情報をご確認ください。

　本書に記載されているいずれの情報についても、読者自身がそれを使用した場合、著者および出版社は、その行為に対して一切の責任を負わないものとします。

ChatGPTを知る

本書の役割

❯ 本書の特徴

　本書『会社で使えるChatGPT』は、会社でChatGPTを導入し、多くの人材がChatGPTを理解して、日々の業務でChatGPTを活用しながら、成果を出すことを目標としています。個人的にChatGPTを利用して、メールの代筆や相談の壁打ちをするだけではありません。

　そこで本書は企業の導入活用におけるプロジェクトチームの立ち上げ、ガイドラインやルールの作成、予算やスケジュールの見積もり、社内における導入後の教育や利用者拡大などを解説しています。もちろんChatGPTをまったく知らない人でも使いこなせるように、基本的な機能からChatGPTによる業務の効率化に加えて、有料版で追加された便利な機能まで、1から学べる構成になっています。さらにITが苦手な方にも配慮して、難しい技術用語やカタカナ語を控えて説明しています。

『会社で使えるChatGPT』の特徴

	一般的な解説書	会社で使えるChatGPT	
ChatGPTの概要	○	○	
プロンプト（命令文）のコツ	○	○	個人で
プロンプトと結果の紹介	○	○	利用する
無料版の機能解説	○	○	範囲
有料版の機能解説	○	○	
GPT-4oの解説	×	○	
活用法を探すコツ	×	○	
業務効率化の実現	×	○	
プロジェクトチーム立ち上げ	×	○	
ガイドライン・ルールの策定	×	○	会社で
社内政治・社内調整	×	○	活用する
データ基盤の整備	×	○	範囲
スケジュールと費用	×	○	
開発と実装方法	×	○	
普及と利用者の拡大	×	○	

本書の対象読者は、ビジネスパーソン全般です。既に ChatGPT は「なぜ導入するのか？」から「どうやって導入して活用するか？」の段階になりました。本書を読むことで、経営者にとっては ChatGPT を導入活用するための準備や組織作り、管理職にはプロジェクト全体を円滑に進めるための指針作成、現場の担当者には業務改善における知見を得ることが期待できます。危機感が薄い経営陣に対する啓発や、従業員向けの研修に利用しても良いでしょう。顧客向けに ChatGPT を提案する IT 企業やコンサルティングファームにおいては、提案書の作成から計画の立案まで進められる内容を網羅しています。

本書の読み方

ChatGPT をまったく知らない人は、第 1 章から読んで基本から理解しましょう。既に ChatGPT を使ったことがある人は、第 2 章で様々なノウハウや有料版の便利な機能に加えて、最新の GPT-4o（フォー・オー）を学べます。本書は 2024 年 6 月までの機能を解説しており、新たな発見もあるでしょう。第 3 章では自分の仕事で使いこなしたい人向けに、ChatGPT を用いた業務改善を解説します。第 4 章では会社において ChatGPT を導入活用するために必要な準備から計画、実現と普及まで解説しています。いわばストーリーがあり、流れを追いながら個人における利用から組織全体における導入活用まで理解できる構成になっています。

ChatGPTへの理解度に応じて読む章を選ぶ

なぜChatGPTを学ぶのか？

ChatGPTが2022年11月に発表されてから2年近くが経過して、ChatGPTを取り巻く環境も変化しています。ChatGPTに対するイメージは「名前だけ知っている」「ネット検索と同じようなもの」「何に使えばいいかわからない」など、様々です。まだまだChatGPT利用率は低く、「世間が大げさに騒いでいるだけ」「自分には関係ない」と感じる人もいるでしょう。

▶ 進化したChatGPT

ChatGPTが世間で話題に上り始めた2023年の春頃に利用した方には、「間違いが多い」「嘘をつくからダメ」「できることが少ない」など、悪い印象を持つ人もいるでしょう。当時は日本語に関する精度が不十分で、文章に関する用途のみだったので、問題があったのは事実です。しかし、今では精度向上に加えて、多数の新機能が追加されました。登場時から2024年6月までにおいて、下記の進化を遂げました。本書では最新機能まで解説しています。

ChatGPTにおけるバージョンアップの歴史

日時	内容
2022年11月	ChatGPTの提供開始
2023年2月	ChatGPT Plus（有料版）の提供開始
2023年3月	GPT-4を追加 ChatGPT APIの提供開始
2023年5月	データ学習拒否（オプトアウト）に対応 利用履歴の出力を追加 iOS版アプリの提供開始 Browsing（ウェブ参照）を追加
2023年7月	カスタマイズを追加 Code Interpreter （現：Advanced data analysis）を追加 Android版アプリの提供開始
2023年8月	ChatGPT Enterprise （大規模組織向け）の提供開始

日時	内容
2023年9月	GPT-4V（画像・音声認識）を追加
2023年10月	DALL・E（画像生成）を追加
2023年11月	GPTs（専用ChatGPT）を追加 音声対話を追加
2024年1月	ChatGPT Team（中小組織向け）の 提供開始
2024年2月	GPTストアの提供開始 Sora（動画生成）を発表
2024年4月	メモリ機能を追加 GPTストアの収益化（アメリカのみ）
2024年5月	GPT-4o（フォー・オー）を追加 教育機関及び非営利団体向けプランの提供開始

一時的な流行ではない

　2023年の ChatGPT は「なぜ導入するのか？」「なぜ使うのか？」という段階でした。しかし導入活用が進み2024年では「何をすべきか？」「どうやって社内で普及させるか？」という次の段階へ進もうとしています。

ChatGPTの導入事例

官公庁	農林水産省・文部科学省・デジタル庁
自治体	東京都・北海道・茨城県・世田谷区・大阪市・神戸市・横須賀市・飯島町・桑名市・那覇市
教育機関	東北大学・立命館大学・武蔵野大学
金融	三井住友海上・住友生命・ゆうちょ銀行・みずほFG・三菱UFJFG・三井住友FG・大和証券・楽天証券・クレディセゾン・損害保険ジャパン・あいおいニッセイ
食品	日清食品・ダイドードリンコ・サッポログループ
不動産	オープンハウス・三井不動産・LIFULL
広告	電通・博報堂・ADK
小売	イオン・ファミリーマート・ベイシアグループ・ワークマン
製造	ライオン・日立製作所・AGC・村田製作所・NEC・富士通・パナソニック コネクト・ダイキン工業・大日本印刷・三菱重工・セガサミー・アイシン・旭鉄工
情報通信	NTTデータ・NTT西日本・KDDI・ソフトバンク・サイバーエージェント・LINEヤフー・メルカリ・SCSK・弁護士ドットコム・Ubie・くふうカンパニー・DMM.com
その他	ベネッセホールディングス・鹿島・伊藤忠商事・東京電力・三菱商事・リクルート・第一三共

※青文字の企業は本書でインタビューを掲載しています（P194）。

　さらに「導入」ではなく「活用」の事例として、様々な業務で利用されています。既に明確な成果を出しており、一時的な流行ではありません。

ChatGPTの活用事例

企業名	活用例
伊藤忠商事	議事録の作成や文章の要約、調査業務などで活用。
大和証券	英語の情報収集や資料作成の効率化、プログラミングの効率化など。
パナソニック コネクト	質問の回答やアイデア生成などで、1年間で労働時間を18.6万時間削減。
ベネッセ	グループ15,000人が利用する「Benesse Chat」を開発。
三井化学	特許情報やニュースやSNSから、既存製品の新規用途を発見する。
サイバーエージェント	デジタル広告の運用にかかる作業時間を大幅に削減。

さらに2024年4月にはChatGPTを開発するOpenAI社が、アメリカ国外で初めての支社となる日本支社を設立しました。日本向けの展開として、組織体制を強化しています。

　既にChatGPTは日本国内において、企業や大学や官公庁などを含めて560社以上に導入されました。あらためて検討や準備を進める企業も増えており、今後はより多くの導入事例が発表されるでしょう。

　ではChatGPTをいつ学べば良いのでしょうか？　今です。

　本書で基本から応用まで習得すれば、今後のバージョンアップなどで機能が追加されても、新しい変更点を覚えるだけで済みます。しかし学ばなければ、覚える内容はどんどん増えて追いつくのが大変になります。また、以前は「間違いが多い」「無料版は使える機能が少ない」などの欠点もありました。しかし、最新のGPT-4oによって精度が向上して、無料で便利な機能が使えます。次のページから1つずつChatGPTについて学びましょう。

ChatGPTとは何か？

　ChatGPT を一言で説明すると、「対話型 AI（人工知能）」です。人間が質問や指示をすると、ChatGPT が人間と対話するように自然な受け答えをします。画面に指示を入力するだけの簡単な操作で使えますし、やり取りや画面表示は日本語に対応しています。ChatGPT に必要なのはパソコンやスマホだけで、料金は無料です。

ChatGPTとの対話

　従来の AI は操作が複雑だったり、利用するまでの準備が大変でした。しかし ChatGPT は人間同士のようにやり取りできますし、パソコンやスマホの画面から質問や指示を入力するだけで簡単に使えるのが特徴です。
　このような人間との対話から AI が答える仕組みを、「生成 AI」と呼びます。

ChatGPTの仕組み

　ChatGPTが、質問から回答を生成する仕組みについて解説します。まずは人間がChatGPTに質問や指示を出します。次にChatGPTが質問や指示を理解して、事前に学習を行ったデータベースを参照します。続いてデータベースから、回答として次に続く文字や単語の中から確率の高いものを予測して、回答を生成する仕組みです。

　なお、この説明と下記の図は簡略化したイメージとなります。詳細な仕組みに興味がある方は、技術書などをご参照ください。

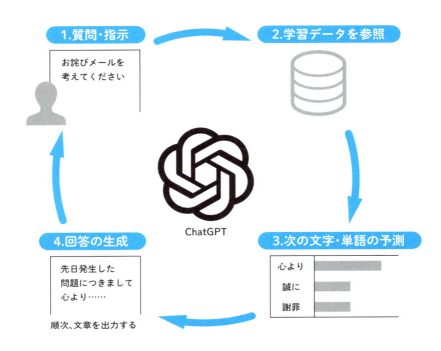

※簡略化したイメージです。

ChatGPTは質問力が9割

第1章 ChatGPTを知る

ChatGPT は答えるだけなら、どんな質問でも答えてくれます。しかし間違いもあるので、人間による確認と修正が必要です。だからといってChatGPT が役に立たないと判断するのは早計です。

1つの決まった正解がなく、幅広い回答が許容される場面で役立ちます。一方で、厳密な答えや正確性が求められる場合は従来のネット検索が適しています。この違いを理解することが、ChatGPT を使いこなす条件となります。

❯「コミュ力」と「質問力」

人間が適切に質問しなければ、ChatGPT も正確に回答できません。人間同士なら不明瞭な質問に対して相手が確認しますが、ChatGPT はそのまま受け取って回答します。このように人間と ChatGPT におけるコミュ力（コミュニケーション能力）は、まったく別です。本書では ChatGPTとのコミュ力を「質問力」と呼称して解説します。

仕事において人間同士のコミュニケーションは必須なので、企業ではコミュ力のある人材を採用して、コミュ力を前提とした組織作りが行われてきました。そのため人間同士で仕事をしていると、「自分にはコミュ力が十分にある」と誤解してしまいます。

人間同士の指示や質問には、相手が自発的に考えて要望に合わせてくれます。お互いが同じ目標に向かって、同じ環境で仕事をしながら、同じ知見を共有しており、自発的に空気を読んで足りない部分を補完するためです。対して人間と ChatGPT のやり取りでは、一方通行で不明瞭な質問に対する確認がありません。さらに人間と ChatGPT では元になる前提知識が異なり、意思疎通が難しくなります。この違いを理解しないと、ChatGPT を上手く使いこなせませんし、望んだ答えを引き出せずに失望する原因となります。

017

人間は双方向　ChatGPTは一方通行

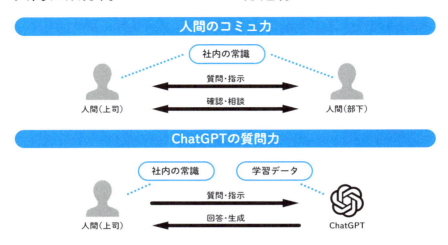

●「良い感じ」は通用しない

　ChatGPTの質問力について、例を紹介します。会社で歓迎会を行う場合、人間であれば「良い感じに準備して」と伝えれば、従来のやり方を確認して社内の人間関係などを考慮しながら準備します。対してChatGPTは「歓迎会を準備する」という一般常識は認識していますが、「良い感じ」という社内で人間の記憶にしか残っていない情報は把握できません。

　さらに社内の人間関係を考慮するなど「空気を読む」という概念もありません。そのためChatGPTは限られた範囲で回答するため、間違えてしまいます。つまりChatGPTに対する質問では、「良い感じ」を明確に定義しなければいけません。この点がChatGPTを正しく使いこなすコツになります。

　ChatGPTが適切に回答できるかどうかは、利用者の質問力に左右される点に注意してください。次は、ChatGPTとネット検索の違いについて、解説します。

検索とChatGPTの違い

　初めてChatGPTを利用する人が戸惑うのは、GoogleやYahoo!によるネット検索との違いです。そこでChatGPTの利用方法を説明する前に、ネット検索との違いを解説します。
　ネット検索は調べたい単語を入力して、検索します。次にインターネット上から求める答えに近い検索結果一覧が表示されるので、利用者が内容を確認します。

ネット検索

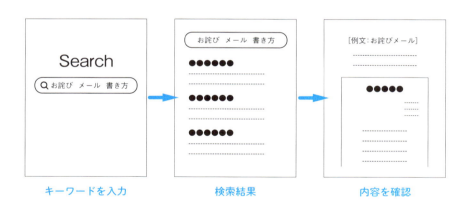

キーワードを入力　　　検索結果　　　内容を確認

対してChatGPTでは、調べたい内容を文章で入力すると、文章で回答が生成されます。

ChatGPT

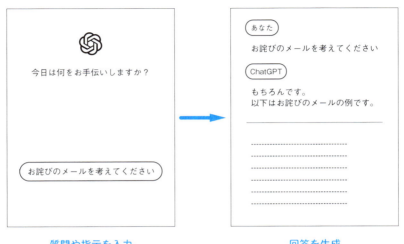

質問や指示を入力　　　　　　　　回答を生成

● ChatGPTの弱点

ネット検索では「お詫び　メール　書き方」のように単語を並べて情報を探します。対してChatGPTでは「お詫びのメールを考えてください」のように文章で指示する違いがあります。

また、ネット検索は回答が掲載されたホームページを探しますが、ChatGPTは質問に対する回答を直接生成します。ここで目的と異なる回答だった場合、ネット検索では違うホームページを参照したり、キーワードを変えて再度検索します。対してChatGPTは改めて指示や要望を出しながら、回答を改善していきます。

いわばChatGPTは、質問や要望に対して的確な答えをくれる専門家のような存在です。利用者が質問や相談を繰り返しながら、適切な回答を導き出す形になります。

一方でChatGPTがネット検索に劣るのが、正確性です。ChatGPTは

間違った情報を正しいように回答したり、存在しない情報を捏造することがあります。原因はChatGPTが学習済みのデータにおいて、英語や英語圏の情報が圧倒的に多く、日本や日本語の情報が限られるためです。また、学習済みデータの内容が古く、最新情報を把握できないことも欠点でした。

しかし2024年に追加されたGPT-4oによって、新しいデータの学習や回答精度の向上が反映されており、過去の欠点は改善されています。しかし、ChatGPTの限界として、学習済みのデータは一般論にとどまるため、特定分野における狭く深い質問や個別の企業が保有する情報には対応できません。この問題を解消するため、ChatGPTに独自のデータを学習させる必要があります。こちらは第4章で解説します。

❯ ネット検索とChatGPTの使い分け

ネット検索とChatGPTは、うまく使い分けましょう。ネット検索は、明確な答えがあるものや、新しい情報を調べるために利用します。たとえば「2024年における桜の開花日」であれば、新しい情報で答えは決まっています。対してChatGPTは、複数の答えがある場合に役立ちます。「花見に向けて準備すべきこと」なら、様々な答えがあるので、ChatGPTが適しています。

ネット検索	・明確な答えがある問題を調べたい ・最新または変化の早い情報を調べる場合
ChatGPT	・幅広い知見に基づく回答を調べたい ・時系列に左右されにくい情報を調べる場合

AIブームの失敗を繰り返さない

　ChatGPTが流行する中で、懸念もあります。これには過去の「第三次AIブーム」における反省があります。2010年代に巻き起こった第三次AIブームにおいて、多くの失敗がありました。当時の企業におけるAI導入活用では、外注先への丸投げが横行しました。その結果、業務知識や社内事情を把握できないまま利用開始スケジュールだけが優先されて、多額の予算を投じて役に立たないAIが誕生する「大惨事AIブーム」に陥りました。

大惨事AIブームの失敗例

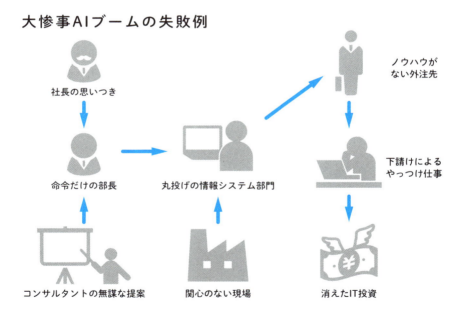

❯ なぜ大惨事となったのか

　第三次AIブームにおける失敗の原因は、「AIへの理解不足」に尽きます。企業が明確な目的設定や技術的な難易度などを考慮せず、AI導入だ

けを目的に計画を立ち上げます。社内に AI に関する知見はなく、プレゼンだけ上手なコンサルタントや派手に持ち上げるメディアの入れ知恵によって、上層部から一方的な指示が出されます。指示を受けた社内情報システム部門には AI 導入計画を主導できる人材がおらず、AI を利用する現場も無関心です。

　一方で顧客に AI を提案する外注先の IT 企業にとって、AI ブームはビジネスチャンスです。先行した他社の事例や世間の話題性で煽りながら受注して、無謀なスケジュールと人材不足を補うために下請けを酷使しながら、開発が進みます。もっとも下請け先に AI を開発できる人材がいるはずもなく、精度が低く役に立たない AI が導入された結果、誰にも使われません。こうして多額の投資に対して失望だけを残して、誰も責任を取らないまま人々の記憶から消え去りました。そして次の話題として、DX（デジタルトランスフォーメーション）に移っていきました。IT 業界には、このような流行に踊らされて失敗を繰り返す負の歴史があるのです。

　2023年から続く「ChatGPT ブーム」においても、同じ失敗が繰り返されるのでしょうか。"自称" ChatGPT スタートアップが乱立し、誰にも使われないまま ChatGPT の導入だけが進み、謎の ChatGPT スクールによるテレビ CM が流れ、SNS や YouTube で ChatGPT の最新情報やビジネス論をドヤ顔で語る社長が人気になるものの、株式上場直後に業績下方修正を発表して、いつしか表舞台から消え去るかもしれません。しかし、そんな未来は誰も望んでいません。人は過ちを繰り返します。だからこそ歴史を学びましょう。

　同じ失敗を繰り返さないためには、自分達で ChatGPT をどうやって導入活用するかを考えながら、開発から導入後の定着まで主導することです。そして優良な取引先を選び、適切な予算とスケジュールのもとで、正しく ChatGPT を使える環境を整備しましょう。そのために第 2 章で ChatGPT の基礎から応用を学び、何ができるかを把握してください。

第 2 章

ChatGPTを使う

ChatGPTの始め方

　第1章でChatGPTの概要と導入活用の重要性を説明しました。続く第2章ではChatGPTの始め方と、基本から応用における機能について紹介します。

　ChatGPTは多くの機能を無料で利用できます。無料版でもビジネスパーソンの業務に十分役立つので、まずは体験してみましょう。

● ChatGPTの画面を開く

　ChatGPTを利用するには、パソコンからブラウザ（Google Chromeまたは Microsoft Edge）を起動します。URLに https://chatgpt.com と入力します。あるいは検索サイトで「ChatGPT」と入力して、検索結果をクリックします。

ChatGPT（https://chatgpt.com/）を開いた画面

❯ アカウントの登録

利用する前にアカウントを登録しましょう。アカウント登録をしなくても ChatGPT を利用できますが、以下の利点があります。

・**履歴の管理**
・**質問と回答の共有**
・**設定の変更**
・**有料版の登録**

画面の「サインアップ」を選択して、アカウントを登録します。メールアドレスとパスワードを入力してください。既に Google、Microsoft、Apple のアカウントを持っている場合は、これらと連携できるので、アカウント登録は不要です。

アカウント登録画面

❯ メールアドレスの確認

受信したメールに確認メッセージが表示されます。「メールアドレスの確認」をクリックします。

❯ 利用者情報の確認

名前と誕生日を入力します。誕生日は「日／月／年」で入力します。

❯ ヒントの確認

ChatGPTの使い方と注意点について確認後、「それでは始めましょう」をクリックします。

「それでは始めましょう」を
クリックします。

❯ GPT-4oの紹介

GPT-4oが紹介されます。「今すぐお試しください」をクリックします。

「今すぐお試しください」を
クリックします。

▶ アカウント登録後

アカウント登録後は、自動的にログインした状態で利用できます。ログアウトした場合は、画面にある「ログイン」から、再度ログインしましょう。

アカウント登録の手続きは、変更される場合があります。画面の指示に従って、必要事項を入力してください。

ChatGPTの基本①：
質問と回答

ChatGPTにおける基本操作を説明します。質問をして、回答を確認するやり取りを確認してください。

▶ 質問をする

まずは基本となる質問と回答のやり取りです。画面下の入力欄に「お詫びメールの例文を教えてください」と入力します。Enterキーか、右側の矢印をクリックします。

入力画面

「お詫びメールの例文を教えてください」と入力します。
Enterキーか、右側の矢印アイコンをクリックします。

回答が生成される

お詫びメールの例文が生成されます。

回答画面

ChatGPTの基本②：
追加の指示を出す

　お詫びメールが生成されましたが、最初のやり取りだけで要望に沿った文面ができるとは限りません。追加の指示を出して、状況に合わせた文面を考えてもらいましょう。

▶ 追加の指示を出す

　お詫びのメールを出す理由は、商品の配送遅延です。入力欄に「クレームの原因は商品の配送遅延です」と入力します。Enterキーか、右側の矢印をクリックします。

追加指示

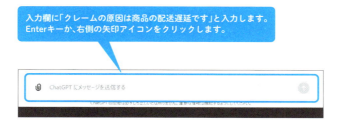

入力欄に「クレームの原因は商品の配送遅延です」と入力します。
Enterキーか、右側の矢印アイコンをクリックします。

指示が反映された回答

　お詫びメールの文章で、商品の配送遅延が原因であった点が追加されました。また、原因究明と再発防止策についても言及されています。
　このようにクレーム対応では、謝罪だけでなく原因究明や再発防止策を伝えることも必要です。そうした配慮はChatGPTだけでは判断できないので、人間が指示を出す必要があります。
　慣れないうちは、1回で要望を満たす質問や指示を出すことは難しいでしょう。そこで生成された結果を確認しながら、条件や目的に合わせて改めて指示を出してください。これがChatGPTの基本的な使い方です。

ChatGPTの基本③：
誤った回答をしてしまう

　次はわざとChatGPTが間違える質問をしてみましょう。たとえば日本の歴史における架空の人物について質問すると、ChatGPTは正しいようで間違っている答えを生成します。

新しいチャット

新たなやり取りを行う時は、
「新しいチャット」をクリックします。

　画面左上のChatGPTロゴをクリックして、新たなチャットを作成します。「チャット」は、ChatGPTとのやり取りを指します。
　画面下の入力欄に「戦国時代の武将である後藤忠次について教えてください」と入力します。Enterキーか、右側の矢印をクリックします。

誤った回答

　架空の人物なので回答は明らかに間違っていますが、戦国武将を知らない人は実在人物だと誤解するでしょう。

　このようにChatGPTは間違った質問に対して、指摘や訂正ができません。そのため答えが存在しない質問でも、一見すると正しいと誤解を招く間違いを答えます。このような、もっともらしい嘘をつく現象を「ハルシネーション（幻覚）」と呼びます。

> 　ChatGPTは日本や日本語に関するデータが不足しており、このような間違いが発生します。また、最新情報を把握していないため、間違える場合もあります。特に2022年から無料版で提供されていた旧バージョンの「GPT-3.5」では、間違いが発生していました。しかし、2024年5月に発表された新バージョン「GPT-4o（フォー・オー）」によって、回答精度が改善しています。さらに最新情報について質問すると、ChatGPTが自動的にネット検索を行って参照するようになりました。

プロンプトの解説

ChatGPTへの指示や質問や命令文を「プロンプト」と呼びます。プロンプトの使い方を習得することで、様々な回答を得られます。ChatGPTが普及しはじめた2023年頃は、プロンプトによって回答が大きく変わりました。しかし2024年5月以降は、新バージョンの「GPT-4o」において細かな条件などを設定しなくても、最適な回答が得られます。下記に紹介するプロンプトは、目的に沿って詳細な回答が必要な場合に活用しましょう。

プロンプトの入力で改行する場合はShiftキーを押しながらEnterキーを押します。Enterキーのみを押すと、処理が実行されるので、注意しましょう。

❯ プロンプトの良い例と悪い例

プロンプトでは、明確な指示を強調して曖昧さを減らしましょう。良い例と悪い例を比較しながら、参考にしてください。

指示を詳細にする	
良い例	新発売するビールについて、販売戦略を検討します。主要顧客は30代以上の男性で、商品の特徴としてプリン体を抑えて健康を気にする方に配慮しています。スーパーやコンビニの店頭で訴求効果が高いキャンペーンは何が考えられますか。
悪い例	新商品の販売戦略を考えて

プロンプトの最初に簡潔な指示をする

良い例	キャンプ場でバーベキューとワインを楽しむ場合に、必要な準備を挙げてください。
悪い例	私は都心に住んでるから、どうしても自然に触れ合う機会が少なくなりがち。今年こそはバーベキューがしたいけど、自分で計画を立てるのは苦手。友達にも手伝ってほしいけど、仕事や家庭があるから難しいって。友達がダメなら業者の人に頼んでも良いけど、どこにお願いすればいいかわからないし。実はバーベキューでワインもオシャレかも。少し前に気になるワインバーがあったけど、ソムリエの人に聞いてみようかな。

参照する文章に区切り記号を入れる

良い例	下記の文章における該当箇所を300文字程度で要約してください。 """ 参照にする文章 """
悪い例	下記の文章を300文字程度で要約してください。 参照する文章をそのまま記述

生成結果の条件を明確にする

良い例	冬の新製品となるホットコーヒーをSNSでアピールする文章を考えてください。 条件は下記となります。 ・100文字前後 ・「寒い冬」または「ほっと一息」の単語を入れる ・温かさを感じる絵文字を入れる ・文章を5個考える
悪い例	コーヒーをアピールする文章を考えてください。

プロンプトの修正指示を繰り返す

ChatGPT において、最初から求めていた回答が出てくるとは限りません。そこで回答に対する修正を行うプロンプトが有効です。修正を繰り返しながら、求める結果につなげましょう。

・新たな条件を出す
同じ条件でさらに3種類の文章を作ってください。

・具体的な指示を出す
文章が短い（長い）ので、もっと長く（短く）してください。

・対話しながら修正する
「○○」について詳しく説明してください。

・足りない点を事前に確認する
回答の前に必要な情報を私に聞いてください。

・繰り返し改善を行う
○○について、より詳しく解説してください。

・段階的に質問する
1回目：登山で必要なものは何ですか？
2回目：初心者でも安全に登れる山はどこですか？
3回目：登山の前にどんなトレーニングを行うべきですか？
4回目：トレーニングはどの種類を週に何回実施すべきですか？

5W1H を指定する

プロンプト作成のコツとして、文章術でも使われる5W1H が挙げられます。例として会社で行う納涼会の準備について、5W1H を意識しながら、プロンプトを考えてみましょう。

When	いつ
Where	どこで
Who	誰が
What	何を
Why	なぜ
How	どのように

【例】

> **ユーザー** 会社の納涼会の開催準備について考えてください。
>
> いつ：2024年8月
>
> どこで：東京都内の居酒屋
>
> だれが：部署のメンバーと異動した社員
>
> 何を：納涼会をやりたい
>
> なぜ：社員同士の親睦を深めるため
>
> どのように：自己紹介をしながら
>
> ---
>
> **Chat GPT** 納涼会の開催準備について、以下のようなアイデアを考えてみました。
>
> 日程と場所の確定：
>
> 日程は2024年8月中旬を目安に設定します。多くの社員が夏休みを取りやすい時期です。
>
> 東京都内の居酒屋を選定します。アクセスしやすく、雰囲気の良い場所が適しています。
>
> 参加者の確認：
>
> 部署のメンバーと異動した社員全員に招待状を送ります。異動した社員も含めて全員が参加できるようにします。
>
> プログラムの検討：
>
> 納涼会の雰囲気を楽しむために、ビンゴゲームやクイズなどの催し物を用意します。参加者同士の交流を促進します。
>
> 各参加者が自己紹介をする機会を設けます。名前や役職だけでなく、趣味

や特技などの個人的な情報を共有し、親睦を深めることができます。

飲食の準備：

　居酒屋での飲食を楽しむために、飲み放題やコース料理を予約します。アルコール類だけでなく、ノンアルコールドリンクも用意します。

　地元の特産品や季節の食材を使った料理を提供することで、地域の魅力も伝えます。

会場の装飾：

　居酒屋の雰囲気に合わせて、季節感のある装飾を行います。夏らしい飾りや緑を取り入れ、涼やかな雰囲気を演出します。

安全対策の確保：

　新型コロナウイルス感染症の予防対策として、会場での手指消毒液の設置や換気の確保など、感染防止対策を徹底します。

　以上のような準備を行うことで、参加者同士の親睦を深め、楽しいひとときを過ごすことができる納涼会を実現できるでしょう。

● 必要な情報を設定する

「目的」「役割」「入力データ」「条件」「出力形式」という形で、ChatGPTに必要な情報を与えてみましょう。特定の条件下において、独自の回答がほしい場合に有効です。

目的	どんな行動や結果を求めているのか？
役割	どのような立場か？
入力データ	参照する情報は何か？
条件	希望する成果物や制約条件を指定する
出力形式	生成結果をどのような形式にするか？

【例】

> **ユーザー** 目的：アイスの新商品向けにキャッチコピーを考える
> 役割：広告会社のコピーライター
> 入力データ：爽快さを連想させるキーワードを入れる
> 条件：20文字程度で5種類
> 出力形式：涼しさを感じる絵文字を入れる
>
> **ChatGPT**
> 1.「夏の風を味わう極上アイス🍦」
> 2.「爽快な一口で夏を満喫！🍨」
> 3.「熱中症対策に最適！氷のような爽快感❄️」
> 4.「アイスが夏の救世主！瞬間クール😎」
> 5.「さわやかなひとときをアイスで！😊」

GPT-4oに適したプロンプト

　ここまで解説したプロンプトは、2022年のChatGPT（無料で利用できる「GPT-3.5」）において、有効なプロンプトです。しかし2024年5月に追加された「GPT-4o」において、プロンプトのノウハウが変わりました。詳細な指示を出さなくても、最適な回答が得られやすくなっています。

　まずプロンプトにおける最初の一行で、指示を簡潔に書きます。その上で、役割については必要がなければ指定しません。回答結果について条件を指定する場合は、文字数や形式などを具体的に指定します。文章の構造として項目を指定する場合、記号を使います。各項目の最初に大項目は「##」、小項目は「###」、箇条書きは「-」を付与します。記号の後ろには半角で空白を入れて下さい。

　回答に対して修正を行う場合を想定して、理由を併記するように指示しましょう。回答に問題があった場合に、理由から修正点を探ります。

【例】

ユーザー 新商品のビジネスバッグについて、30代男性のビジネスパーソンの関心を惹く説明文を書きましょう。条件は以下のとおりです。

条件
- 300文字程度
- 軽量で水に強い素材を強調する
- 説明文の後ろに理由を記載する

説明文の構成
- 対象購買層の悩みを挙げる
- 不便を強調する
- 解決策としてバッグを提案する

Chat GPT 現代の30代ビジネスパーソンの多くは、長時間の通勤や外回りの業務に追われ、快適さと機能性を求めています。しかし、重いバッグや突然の雨で大切な書類やデバイスが濡れるリスクが日常のストレスとなっています。このような悩みを解消するために、私たちの新しいビジネスバッグは、軽量でありながら耐久性のある素材を採用し、雨や水滴にも強い設計になっています。これにより、重さを気にせずに持ち運びができ、突然の悪天候にも安心です。快適さと安心感を提供するこのバッグは、毎日のビジネスシーンを一層スマートにしてくれることでしょう。

理由：30代男性のビジネスパーソンには、通勤や外回りなどの多忙な日常において、軽量で耐久性のあるバッグが求められています。また、急な天候変化にも対応できる防水性は、安心感を提供し、仕事の効率を向上させる要因となります。

様々な文章の作成

プロンプトを工夫すれば、様々な文章を作成できます。特に謝罪文やクレーム対応のような、精神的に疲弊する文章をChatGPTに依頼すると良いでしょう。

> メール・報告書・提案書・クチコミ・レビュー・キャッチコピー・プレスリリース・自己紹介・自己PR・商品の説明文・ブログ記事・SNSコンテンツ・SNSのハッシュタグ・カタログ・パンフレット・トークスクリプト・問題集・学習教材・作業手順書・操作マニュアル・特定の単語を組み込んだ例文など

なお、契約書など専門性が求められる文章も作成できますが、必ず専門家に確認を取りましょう。

ここまでに紹介したプロンプトを理解すれば、ビジネスの現場でChatGPTに様々な指示を出せます。そして使い方を理解すれば、事細かに事例や用途を学ぶ必要はありません。ChatGPTに慣れるには、とにかく試すことです。まずは仕事で思いついた場面で、ChatGPTを使ってみましょう。文章生成以外にも情報収集、質問、企画やアイデア出し、翻訳、壁打ち相手など様々な場面で役に立つでしょう。

もっとプロンプトについて知りたい方は、「プロンプトエンジニアリングガイド」をご参照ください。

プロンプトエンジニアリングガイド（日本語版）
https://www.promptingguide.ai/jp

利用制限と機能比較

ChatGPTには利用回数の制限があります。利用回数の上限に達すると、一定時間利用できません。制限中にChatGPTを実行すると、通常時の「GPT-4o」よりも、精度が低く機能が少ない「GPT-3.5」で実行されるため注意してください。

なお、利用制限は、変更される場合があります。利用制限を緩和したい場合は、「有料版（ChatGPT Plus）の登録と機能」（P70）を参照ください。

GPT-3.5とGPT-4oの機能比較

	GPT-3.5	GPT-4o
回答の精度	普通	高い
日本語の情報量	少ない	普通
学習データの期限	2022年1月まで	2023年10月まで
文字数の上限	数千字程度	数万字程度
利用回数の制限	なし	あり
ファイルの登録・操作	×	○
GPT-4V（画像・音声認識）	×	○
Browsing（ウェブ参照）	×	○
Advanced data analysis（データ分析）	×	○
GPTおよびGPTストアの利用	×	○

ファイルの登録・操作

　ChatGPT は文章を生成したり、相談相手になるだけではありません。ファイルを登録して、様々な処理を実行できます。ファイルの登録は入力欄の左にあるクリップをクリックするか、入力画面にドラッグ＆ドロップします。

　登録できるファイルには、下記があります。

登録できるファイル

テキスト	.txt
CSV	.csv
Word	.doc／.docx
Excel	.xls／.xlsx
PowerPoint	.ppt／.pptx
画像	.png／.jpg／.jpeg／.gif／.bmp／.WebPなど
動画	.mp4／.aviなど
音声	.wav／.mp3など
圧縮	.zip
PDF	.pdf

※登録したファイルは、プロンプトで指示を出して操作できます。
　「ファイルの操作」を参考に試してみましょう。

ファイルの操作

　登録したファイルに対して、次のような操作を行えます。専用ソフトが必要な作業を ChatGPT で代用できます。

Word

操作方法の確認／出力（ダウンロード）／テキスト・見出し・表の編集／翻訳／文章の校正・比較／内容の要約／ビジネス表現に修正／内容のアドバイス

Excel

操作方法の確認／出力（ダウンロード）／値の編集・抽出・並び替え／行・列・セルの操作／異常値の確認・修正／グラフの作成／画像の追加／関数・マクロの作成／分析・統計

PowerPoint

操作方法の確認／出力（ダウンロード）／相談や壁打ちの相手／シナリオ作成の支援／質問の想定／スライドの追加と削除／画像の追加

画像

生成・編集／物体検出・顔認識・文字認識／加工（サイズ・色調・フィルター・モザイク）／テキストの追加／QRコード作成

動画

編集（削除・結合）／形式の変換

音声

情報の取得／編集（カット・結合）／波形表示／再サンプリング

圧縮ファイル

作成／加工

PDF

文字起こし／内容の要約／翻訳／抽出と追加／結合・分割・削除・回転／順序変更

その他

ファイルの結合・分割／ファイル形式の変換／ファイル名の一括変更／拡張子の一括変更／フォルダの作成・削除

❯ Word・Excel・PowerPoint で活用

　業務で利用する場面が多い Word、Excel、PowerPoint などのオフィスソフトは、ChatGPT を組み合わせると効果を発揮します。従来であれば人に聞いたり、ネットで検索したり、技術書で調べていた各ソフトの操作方法や疑問点などを ChatGPT が教えてくれます。さらに ChatGPT に相談することで、完成度の高い資料を作成できるでしょう。ChatGPT とオフィスソフトの組み合わせは、1 + 1 = 2ではなく、20になる可能性を秘めています。

GPT-4V（画像・音声認識）

「GPT-4V」の「V」は「Vision（視覚）」の意味で、画像（Visual）と音声（Voice）を認識できる機能です。画像や音声から「何が写っているか？」「どんな文字が書かれているか？」「どんな音か？」などを把握します。いわば ChatGPT に目と耳が追加されたと言えるでしょう。文章、画像、音声などを組み合わせて、様々な処理を実行できます。

● 画像の登録と認識

画面下にあるクリップのアイコンをクリックして、画像を登録します。画像を判別する指示を入力して、Enter キーか右側の矢印をクリックします。

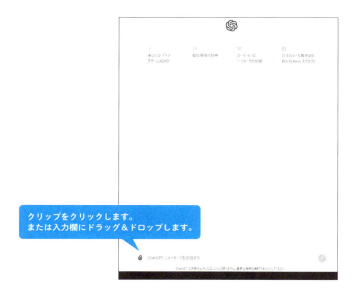

クリップをクリックします。
または入力欄にドラッグ＆ドロップします。

ChatGPTが画像の認識結果を回答します。

ユーザー

この画像は何ですか？

ChatGPT この画像には、インド料理のナンとカレーが写っています。ナンはインドの伝統的なパンで、タンドールという特別な釜で焼かれます。カレーは様々なスパイスを使った濃厚なソースで、ナンと一緒に食べることが一般的です。

画像を判別するだけではありません。朝食の画像をChatGPTに登録すると、食材別にカロリーを計算してくれます。

ユーザー 写真の料理をメニューごとに表にしてください。
あわせて、個別のカロリーを教えてください。

ChatGPT 写真に写っている料理を以下のようにメニューごとに分けて表にしました。また、各メニューのカロリーも記載しています。

メニュー	カロリー（kcal）
トースト	約150
バター	約50
目玉焼き（2個）	約180
ベーコン	約100
レタス	約5
ミニトマト	約5
コーヒー	0（ブラックの場合）

合計カロリー：約490kcal

　このカロリーはあくまで目安であり、具体的な材料や分量により変動する可能性があります。

画像の処理と加工

　登録した画像は、様々な処理や加工ができます。下記の一覧表を元に、必要な作業をプロンプトで指示しましょう。たとえば「この画像にセピア色のフィルター加工をかける」と指示すれば画像を変更できます。

対応する画像のファイル形式

.png／.jpg／.jpeg ／.gif／.bmpなど

実行できる処理

画像の認識・説明／物体検出／顔認識／文字の読み取り・追加（英語のみ）／加工（回転・反転・切り抜き・結合・サイズ変更）／色調の変更／フィルター加工（モノクロやセピアなど）／グレースケール（白黒）の変換／モザイク・ぼかし処理／写真のイラスト化／複数ファイルの登録と加工

● 音声の処理と加工

　登録した音声ファイルは、様々な処理や加工を実行できます。下記の一覧表を元に、必要な作業をプロンプトで指示しましょう。たとえば「音声から最初の30秒だけ抜きだす」と指示すれば、音声を変更できます。

対応する音声のファイル形式

.mp3／.wav

実行できる処理

情報の取得（時間・ビットレート・チャンネル数・サンプルレート）／編集（カット・結合・指定箇所や無音部分のカット）／可視化（波形・スペクトル）／スペクトログラムの表示／ピッチシフト（高さの変更）／タイムストレッチ（高さを変えずに速度を変える）／波形表示

　従来は画像や音声の加工には、専用ツールや知識が必要でした。しかしChatGPTなら日本語の指示で、簡単に処理を実行できます。また、スマホアプリならカメラの撮影やマイクの録音も可能なので、その場でファイルの登録から処理まで実行できます。パソコンが利用できない場面で役に立つでしょう。

Browsing（ウェブ参照）

「Browsing」は、ChatGPT がインターネットを検索して、最新情報に基づいて回答する機能です。利用者が指示を出さなくても、ChatGPT が自動的に最新情報を調べてくれます。

「Browsing」が必要な理由は、ChatGPT における学習済みデータの時期が関係します。ChatGPT が学習している最も新しいデータは2023年12月までなので、直近の出来事などは把握していません。そこで最新情報が必要な場合、自動でインターネットを検索して結果を併記します。

▶ 調べたい内容を入力する

通常の使い方と同じく、最新情報に関するプロンプトを入力します。Enter キーか、右側の矢印をクリックします。プロンプトに応じて ChatGPT が自動で検索すべきかを判断します。

【例】

> **ユーザー** メジャーリーグの大谷翔平選手の2024年 6 月の成績を教えてください。あわせて記録更新があれば、こちらも教えてください。
>
> **Chat GPT** 大谷翔平選手の2024年 6 月の成績は非常に素晴らしいものでした。 6 月中に打率は .321を記録し、12本塁打を放ちました。
>
> さらに、多くの試合で打点を稼ぎ、チームに大きく貢献しました（Paris 2024 Olympics）（BASEBALL KING）。
>
> 記録更新に関しては、 6 月の間にいくつかの重要な記録を達成しました。特に注目されるのは、 6 月17日の試合で2本のホームランを放ち、同じ試合で複数本のホームランを記録したことです。 6 月だけで合計12本のホームラ

ンを記録し、月間のホームラン数でも自己ベストに近い成績を残しました（Paris 2024 Olympics）（BASEBALL KING）。

　これらの成績により、大谷選手は2024年6月の月間MVP候補として注目を集めています（BASEBALL KING）。

　インターネット上で最新情報を取得した場合は、情報元のリンクも併記されます。詳しく知りたい場合は、リンクをクリックして確認できます。

　なお、統計など正確な情報が必要な場合は、ChatGPTだけでなくネット検索も併用して公式情報を取得しましょう。

Advanced data analysis（データ分析）

「Advanced data analysis」は、ChatGPT で高度なデータ分析を行う機能です。非常に多機能で、幅広い処理を実行できます。例として Excel ファイルを登録して、分析結果からグラフを作成しながら、PowerPoint 形式で出力してみましょう。

▶ データ分析の流れ

分析対象のデータとして、独立行政法人統計センターが提供する「SSDSE- 基本素材（SSDSE-E）」の Excel ファイルを使用します。このファイルは都道府県ごとの行政に関する統計情報がまとめられており、様々な分析が可能です。

独立行政法人統計センター
https://www.nstac.go.jp/use/literacy/ssdse/
ファイル名「SSDSE-E-2024」

画面下にあるクリップのアイコンをクリックして、Excel ファイルを登録します。ファイルの登録は入力欄の左にあるクリップをクリックするか、ChatGPT の入力欄にドラッグ＆ドロップします。登録後、ファイルの内容を確認しましょう。

ファイルの登録と確認

このExcelファイルは「SSDSE-E-2024」というシートを含んでおり、2022年度の日本全国および各都道府県の様々な統計データが含まれています。データは以下のような項目を含んでいます：

地域コード

都道府県名

総人口

日本人人口

15歳未満人口

15 〜 64歳人口

65歳以上人口

外国人人口

〈中略〉

消費支出（二人以上の世帯）

食料費（二人以上の世帯）

住居費（二人以上の世帯）

教養娯楽費（二人以上の世帯）

各項目のデータが2022年もしくはそれ以前の年度で提供されています。全体として92の列があります。データの具体的な内容についてさらに知りたい場合は、お知らせください。

次にChatGPTに分析の指示を出してみましょう。「合計特殊出生率」の上位10都道府県を抽出します。

ユーザー 合計特殊出生率の上位10都道府県を抽出してください。

Chat GPT 合計特殊出生率の上位10都道府県を抽出しました。データフレームとして表示していますので、ご確認ください。他にご質問や必要な分析があればお知らせください。

沖縄県 - 1.80

鹿児島県 - 1.65

宮崎県 - 1.64

島根県 - 1.62

長崎県 - 1.60

熊本県 - 1.59

福井県 - 1.57

佐賀県 - 1.56

大分県 - 1.54

鳥取県 - 1.51

❯ グラフを表示する

　分析結果のグラフを表示してみましょう。縦棒グラフを作成する指示を出します。

		地域コード	都道府県	合計特殊出
1	49	R47000	沖縄県	1.8
2	48	R46000	鹿児島県	1.65
3	47	R45000	宮崎県	1.64
4	34	R32000	島根県	1.62
5	44	R42000	長崎県	1.6
6	45	R43000	熊本県	1.59

合計特殊出生率上位10都道府県

▶ 日本語の表示を確認する

分析結果の棒グラフが表示されました。しかし、日本語が正しく表示されません。

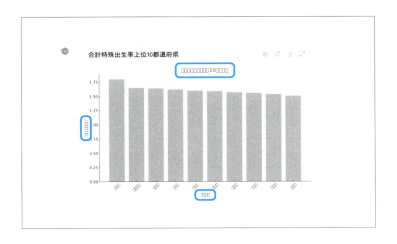

▶ 静的チャートによるグラフ

上部にある三角マークの「静的チャートに切り替える」をクリックします。グラフの表示が切り替わります。

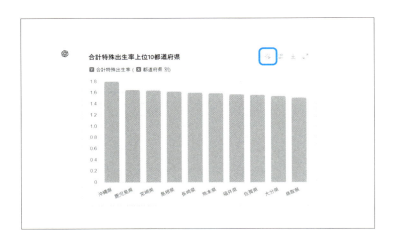

❯ 日本語の表示を修正

　日本語のフォント（NotoSansJP-Regular）を登録して、再度グラフを表示する指示を出します。

❯ 正しい表示の確認

　グラフで日本語が正しく表示されたことを確認します。

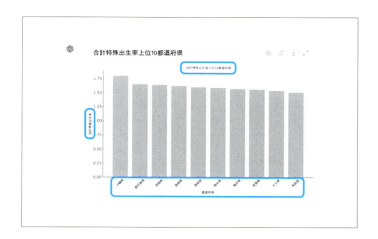

▶ PowerPoint形式によるダウンロード

　PowerPoint 形式でダウンロードする指示を出して、内容を確認します。PowerPoint のファイルでも、グラフが正しく表示されました。

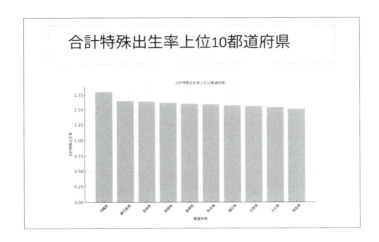

　ChatGPT で日本語を含むファイルを読み込むと、グラフなどで日本語が正しく表示されない場合があります。これは ChatGPT が日本語のフォントに対応していないためです。日本語のフォント（NotoSansJP-Regular など）を登録すると、正しく表示されます。
　ChatGPT でグラフを確認する場合は「静的チャートに切り替える」で正常に表示されますが、Word、Excel、PowerPoint などのファイル形式でダウンロードする場合は、この作業を行ってください。

GPT（専用ChatGPT）と GPTストア

「GPT（ジーピーティー）」は、特定用途向けに作成された専用のChatGPTです。ChatGPTは幅広く作業ができる反面、記事作成や図の描写など特定作業において、求めた結果が得られない場合もあります。そこで各用途に特化して作成された「GPT」を利用すれば、効率よく作業できます。

❯ GPTを利用する

GPTを利用するには、画面左上の「GPTを探す」をクリックします。

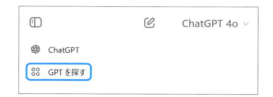

利用したい「GPT」を選べる「GPTストア」が表示されます。ここに掲載されているGPTは、第三者が作成して公開しているものです。検索欄から利用したいGPTの名前で検索するか、画面に表示されているGPTを選択します。

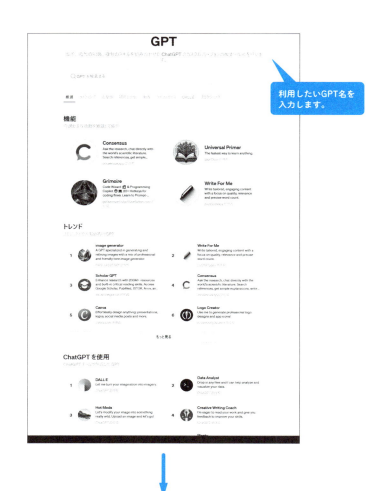

利用したいGPT名を入力します。

画面が切り替わるので、通常のChatGPTと同じように操作できます。
GPTごとに設定された処理を実行します。

業務で役立つ GPT の紹介

既に多くの利用者が GPT を作成して、GPT ストアで公開しています。業務で役立つ GPT として、いくつか紹介します。GPT ストアの検索欄から、利用したい GPT の名前で検索してください。なお、GPT の画面の表示や説明文は英語もありますが、日本語のプロンプトで利用できます。

Diagrams：Show Me

文章をグラフや図によって表現します。各種グラフに加えて、ピラミッド図、組織図、ユースケース図、データフロー、時系列、シーケンス図、ガントチャート、ダイアグラム、フローチャート、クラス図、マインドマップを生成します。

Whimsical Diagrams

シーケンス図、マインドマップ、フローチャートによって、図解化します。

日本語グラフ作成ツール

日本語ファイルの読み込み、分析、グラフ作成でその都度日本語フォントを登録せずに処理を実行できます。

Slide Maker：PowerPoints, Presentations

PowerPoint による資料やスライド作成を支援します。

PDF Ai PDF

PDF ファイルの要約や内容の検索などを行います。

Write For Me

文章作成に特化しており、細かい要望に対応できます。目的や対象読者の把握、文体の指定、アウトラインの作成、文字数の管理、箇条書きの指定、SEO（検索エンジン最適化）に対応しています。

Doc Maker：PDFs, Resumes, PowerPoints, Excel

Word、Excel、PowerPoint、PDF ファイルの作成に特化しています。

Video Insights：Summaries/Transcription/Vision

YouTube や登録した動画の内容の要約、内容やコメントの分析ができます。各種情報（タイトル・説明・タグ・視聴回数・いいね数など）と、動画における発言内容（トランスクリプト）を取得します。

Voxscript

情報収集に特化しており、ネット上の最新情報から要約や重要な情報をまとめてくれます。また、YouTube の発言内容（トランスクリプト）を取得して、要約できます。

Consensus

科学的な質問に答えたり、研究論文を検索して内容を提供してくれます。また、研究の要約や特定の形式による資料作成に対応しています。

AI picture generator

プロンプトから様々な画像を生成します。さらに改善や修正を行って、最適な画像を作成できます。

Photo Realistic Image GPT

通常の画像生成よりも、写実的な画像の生成に特化しています。また、より精密な画像を生成できます。

DALL・E（ダリ）

イラスト生成において、1回で2枚のイラストが生成されます。また、画風とサイズの変更ボタンが追加されて、簡単に変更できます。

Canva

　デザインツールの「Canva」と連携して、対話しながらデザイン作成や画像生成を支援します。作成した画像は、そのままCanvaで編集できます。

Website Instantly〔Multipage〕

　利用者の指示からウェブサイトを作成します。色やレイアウトをデザインしながら制作できます。

スマホアプリ

　ChatGPT は、スマホ向けアプリが提供されています。iOS（iPhone または iPad）と Android で利用できます。

App Store(iOS)

Google Play(Android)

　アカウント登録や利用方法などはパソコン版と同様ですが、画面表示や機能が一部異なります。

▶ 音声対話

　スマホアプリでは音声によるやり取りが可能です。画面右側にあるヘッドホンのアイコンをタップします。

iPhone

Android

画面が切り替わり、ChatGPT と音声対話ができます。音声による操作だけでなく、英語学習などにも利用できます。

音声対話中の画面

　音声の種類は設定画面の［スピーチ］から指定できます。

有料版（ChatGPT Plus）の登録と機能

無料版と有料版の違い

　ChatGPTは無料版に加えて、有料版の「ChatGPT Plus」があります。有料版では回答精度が最も高く、便利な機能が追加された「GPT-4」を利用できます。さらに利用回数の制限が緩和されて、無料版の5倍まで実行できます。なお、利用制限は2024年6月時点の情報のため、変更される可能性があります。

	ChatGPT（無料版）	ChatGPT Plus（有料版）
利用できるモデル	GPT-3.5／GPT-4o	GPT-3.5／GPT-4o／GPT-4
利用回数の制限	あり	あり（無料版の5倍）
ファイルの登録・操作	○	○
GPT-4V（画像・音声認識）	○	○
Browsing（ウェブ参照）	○	○
Advanced data analysis（データ分析）	○	○
GPTおよびGPTストアの利用	○	○
DALL・E（画像生成）	×	○
GPTs（GPTの作成）	×	○

ここまで解説した機能はすべて無料版で利用できるので、ビジネスパーソンの業務で十分に役立ちます。しかし無料版は利用制限に達しやすいので、注意してください。有料版の検討は1日の利用回数が多い方や、無料版では使えない画像生成とGPTを新規に作成する「GPTs」が必要な方が想定されます。

▶ 有料版（ChatGPT Plus）の登録

有料版「ChatGPT Plus」の登録は下記の手順となります。

・プランのアップグレード
画面の「プランをアップグレードする」をクリックします。

・プランの選択
　プランの一覧が表示されます。「Plusにアップグレードする」をクリックします。

・支払い方法の入力

　支払い方法を入力します。料金は月額20ドルで、クレジットカード払いとなります。円や請求書の支払いには対応していません。

　手続きが完了するので、そのまま有料版を利用できます。

モデルの切り替え

　画面左上から「GPT-4o」「GPT-4」「GPT-3.5」のモデルを選択します。「モデル」とは、AIにおける頭脳のようなイメージです。有料版で利用できるGPT-4は、最も賢く複雑な処理に向いています。なお、回答速度が遅いので注意してください。

　「GPT-4」と「GPT-4o」は利用回数に制限があります。制限に達すると、一定時間利用できません（「GPT-3.5」は利用可能です）。

● DALL・E(画像生成)

「DALL・E(ダリ)」は、画像生成機能です。生成したい画像のプロンプト(例:プレゼンテーションを行う男性の画像)を入力すると、画像が生成されます。

DALL・Eの詳細な機能は、巻末の「付録：もっとChatGPTを使いこなす」（P219）で解説しています。様々な処理を実行できるので、参考にしてください。

GPTs（GPTの作成）

　無料版ではGPTストアに登録されているGPTの利用しかできませんが、有料版では新たなGPTを自分で作成できます。たとえば、指定された処理を自動で実行したり、資料や業務マニュアルを学習させて回答するGPTなどを作成できます。

　GPTの作成方法は、巻末の「付録: もっとChatGPTを使いこなす」（P219）で解説しています。様々なGPTを作成できるので、参考にしてください。

追加予定の機能

　有料版の利用者は、便利な新機能を先行して利用できます。予定されているものとしては、感情を理解してリアルタイムで自然な応答ができる会話機能「高度な音声モード」があります。

ChatGPTを使いやすくする

ChatGPT をより使いやすくする方法を紹介します。無料版と有料版を問わず、どちらでも利用できます。

▶ GoogleDrive 及び One Drive への接続

入力欄の左にあるクリップのアイコンから、GoogleDrive 及び One Drive に登録されているファイルを登録します。また、パソコンの中に保管されているファイルも登録できます。

▶ 部分引用

回答の返答の一部を選択し、「"」マークをクリックすると、その部分に関して深掘りした質問や指示ができます。

▶ 履歴の共有

　ChatGPTの利用履歴を、第三者と共有できます。画面左上の「···」をクリックして、「共有する」から「リンクを作成する」をクリックします。

リンクがコピーされるので、この URL で履歴を共有します。

▶ 文章の改行と処理の実行

プロンプトの入力で改行する場合は、Shift キーを押しながら Enter キーを押します。Enter キーのみを押すと、処理が実行されるので注意してください。Enter キーで改行するには、「Chrome 拡張機能」（P83）を参照してください。

▶ ショートカットキー

ChatGPT にはキーボードのショートカットキーがあります。キーの一覧は「Ctrl キー＋ /」で表示されます。

新しいチャットを開く	Ctrl + Shift + O
チャット入力にフォーカスを移す	Shift + Esc
最後のコードブロックをコピーする	Ctrl + Shift + ;
最後の回答をコピーする	Ctrl + Shift + C
カスタム指示を設定する	Ctrl + Shift + I
サイドバーを切り替える	Ctrl + Shift + S
チャットを削除する	Ctrl + Shift + ⌫
ショートカットを表示する	Ctrl + /

❯ カスタマイズ

　ChatGPTにおける回答に対して、制約や利用者の立場を反映する「カスタム指示」を設定できます。回答の精度を向上させたり、自分の利用用途に合わせた回答を引き出せます。下記の手順で有効にします。

　画面のユーザー名をクリックします。次に「ChatGPTをカスタマイズする」をクリックします。

　上の入力欄に「前提条件」、下の入力欄に「どのように答えてほしいか」を設定します。

　回答の傾向について「フォーマルに」などの方向性、「簡潔に」「〇〇文字程度」などの条件、「論理的に」「箇条書きで」などの思考法、「アドバ

イザーとして」「反対派として」などの立場を登録します。また、「入力欄の先頭に〇〇したら、〇〇してください」のような指示を設定できます。例として、下記のように設定すると、特定の処理を実行します。

プロンプトの先頭が「t:」の場合は、翻訳を行います。「t:」の後の文章が英語なら日本語に、日本語なら英語にしましょう。

入力が終わったら「保存する」をクリックします。これでカスタマイズした設定が反映されます。

❯ メモリ

ChatGPTが利用者のやり取りから回答や嗜好を記憶して、要望に合わせた返答に調整します。メモリはその都度記憶されますが、記憶したい内容を指定したい場合はプロンプトで指定しましょう。メモリに登録された時は「メモリを更新しました」と表示されます。

メモリの設定は、設定画面から「パーソナライズ」を開きます。丸ボタンをクリックして、右にずらして有効にします。

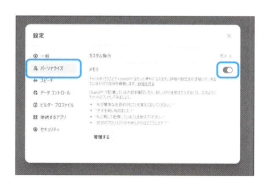

既に記憶したメモリを確認する場合は、「管理する」をクリックします。

個別のメモリを削除する場合は右側のゴミ箱、すべて削除する場合は「ChatGPTのメモリをクリアする」をクリックします。

利用における注意点

ChatGPTを利用する上で、注意点があります。ChatGPTに入力した内容がどのように扱われるかを把握しましょう。

● 会社の規則について

ChatGPTの利用にあたって、社内規則を遵守しましょう。会社での使用が禁止されている場合は、自宅のパソコンとインターネット回線で試してください。また、機密情報や個人情報など、利用が制限されているデータを入力してはいけません。外部に漏洩する可能性があります。

● 一時チャット

画面左上から「一時チャット」を有効にすると、履歴の管理、メモリ、ChatGPTへの学習が無効になります。「ChatGPTへの学習」は利用者が入力したデータをOpenAI社がChatGPTの学習に利用することです。

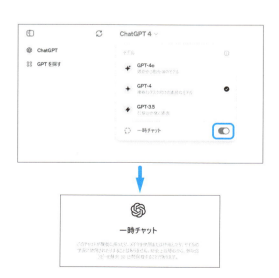

・**学習拒否の設定**

利用者が入力したデータは、開発元であるOpenAI社に送信されてChatGPTの学習に利用されます。学習を拒否（オプトアウト）する場合は、下記の手順で設定してください。

画面のユーザー名をクリックして、「設定」をクリックします。
「データコントロール」から「すべての人のためにモデルを改善する」をクリックします。画面が切り替わったら、「すべての人の〜」の丸ボタンをクリックして、左にずらします。「実行する」をクリックして画面を閉じます。

前述の「一時チャット」との違いは、ChatGPTの履歴が残る点とメモリが利用できる点です。

Chrome拡張機能

ここまでChatGPT本体の機能について紹介しました。次はブラウザのGoogle Chromeにおいて、ChatGPTを便利にする拡張機能を紹介します。

● 拡張機能を登録する

Chromeの画面右上にある「︙」から、「拡張機能」の「Chromeウェブストアにアクセス」をクリックします。

画面左上の「ストアを検索」から、拡張機能の名前を入力してインストールします。

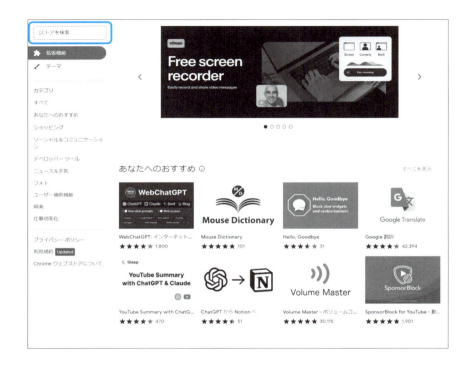

・拡張機能の紹介

ChatGPT Ctrl+Enter Sender

ChatGPTの改行を「Ctrl + Enter」から「Enter」に変更します。
プロンプトの入力で操作間違いを起こしやすいので、ストレス軽減になります。

WebChatGPT

インターネットから最新情報を検索してChatGPTの回答に補足します。また、特定用途向けのプロンプトを選んで実行できます。

ChatGPT for Google

Googleの検索結果とChatGPTの回答を表示します。また、ChatGPTの回答内容を共有できます。
調査において複数の情報源を確認できるので、信頼性が向上します。
さらに複数人による調査を効率的に行ないます。

Superpower ChatGPT

プロンプトや履歴を自動保存して、検索できます。
同じ作業を繰り返したり、過去の結果を見直しする場面が多いので役立ちます。

ChatGPT Writer

指定した条件で文章を作成します。また、メールでも利用できます。
より詳しくわかりやすい条件を設定できるので、メール返信が効率化できます。

Voice Control for ChatGPT x Mia AI

音声でプロンプトを入力して、結果を音声で読み上げます。
手入力が難しい現場で活用できます。

YouTube Summary with ChatGPT & Claude

YouTubeの内容を要約します。
長い動画の要点を見つけたり、複数の動画を調べる際に役立ちます。

　Chrome の機能拡張以外にも、ChatGPT と組み合わせることで便利になる AI ツールがあります。詳細は巻末の「付録：もっと ChatGPT を使いこなす」（P250）で解説しています。

ChatGPTを業務改善に つなげる

　第2章ではChatGPTの基本的な使い方から、有料版を含めた幅広い活用法を紹介しました。ChatGPTはプロンプトを入力して、回答を確認するだけではありません。文章を作成したり相談相手になるだけでもありません。画像や音声を認識して、オフィスソフトなど様々なファイルに対応しながら、データ分析やグラフによる可視化を行い、GPTで手間のかかる作業を代わりに実行してくれます。ここまで紹介した内容はChatGPTで実現できることの一部であり、特にAdvanced data analysisやGPTsは本が1冊書けるほど多機能です。

　まずは第2章で紹介した使い方について、業務で思いついた場面があれば、積極的にChatGPTを試してみましょう。試行錯誤していくことで、使える幅が広がります。

　さらにChatGPTは人間が手動で行っていた業務を効率化できる可能性を秘めています。あるいは誰かに依頼したことをChatGPTが代わりに実行してくれます。

　また、専門知識や特定ツールが必要だったことも、ChatGPTのおかげで実現できます。そしてChatGPTは発表後から継続的に精度向上や機能追加が行われており、今後もさらなる展開が予想されます。そうした時代の流れに合わせて、いずれ仕事の進め方も見直されるでしょう。

　さらに画像や音声を組み合わせた「マルチモーダル」も期待されており、動画を生成する新機能「Sora」も発表されました。近い将来に動画を手軽に作成して複雑な業務を動画で説明したり、他言語に翻訳できれば外国人向けの教育で役立つでしょう。

　次の第3章では、自分の仕事でChatGPTを活用する方法について、学びましょう。

第 3 章

"仕事"で使える ChatGPT

自分の仕事で業務改善

　第2章ではChatGPTの利用方法について、基本から応用まで紹介しました。第3章では自分の業務をChatGPTで改善しましょう。本書における「業務改善」は、今までの業務において、より少ない労力と短い時間でより多くの成果を目指すことです。しかし業務の内容や抱える課題はそれぞれ異なり、ChatGPTで何でも解決できるわけではありません。そこで適切な課題を選びながら、ChatGPTで解決しやすい方法を探しましょう。これまではChatGPTの使い方を学びましたが、ここからはChatGPTを業務で使いこなすのが目的となります。「ChatGPTで何ができるのか？」から、「ChatGPTを何のために使うか？」という視点に切り替えましょう。

　また業務改善を実現する過程では、作業内容の言語化や情報の数値化など第三者が把握できるものが必要です。本書ではこのような見えない情報を出力したものを「成果物」とします。業務改善を進めるために必要な成果物を作りながら、自分自身の仕事を改善していきましょう。

❯ 業務改善の事例

　ChatGPTで業務改善を実現できる場面は多岐にわたります。一例として、図にまとめました。まずはこちらを参考に、自分自身の業務でChatGPTが役立ちそうな場面を考えてみましょう。

文章
生成／要約・校正／添削・評価／議事録

図・グラフ
生成／加工／認識

資料作成
企画立案／壁打ち／要約／生成

ツール連携
Word／Excel／PowerPoint／AI系ツール

語学
翻訳／表現の修正／学習／会話の練習

データ分析
可視化／加工・集計／分析・統計

画像
生成／加工

調査
最新情報の取得／調査方法の検討

ファイル・データ
ファイル登録・編集／データ操作・加工

音声
認識／入力／文字起こし／文章読み上げ

プログラミング
プログラムの生成／開発支援

動画
文字起こし／内容の要約

GPTs
作業の自動化／特定作業の実行／GPTストア

業務改善における「守破離」

　業務改善と言っても、取り組むべき課題やChatGPTの活用法は簡単に思いつきません。会社や部署や個人によって業務も異なるため、個別にアドバイスするのも難しいでしょう。個別の業務や職種で想定される場面に応じてChatGPTの活用事例を並べても、該当しなければ役に立ちません。そこで最初はChatGPTで何ができるかを把握して、決められたやり方を試しながら、徐々に自分の業務に当てはめてみましょう。

▶ 守破離の考え方

　この流れは茶道や武道の指導における「守破離」と似ています。最初は師匠から教わった形をなぞって、同じやり方を真似る段階の「守」です。次の「破」は決まった形を破り、自分なりの個性を探す段階です。最後の「離」は、師匠の教えから離れて、自分なりの新たな理想を築き上げていきます。この守破離の教えは、ChatGPTにおける業務改善にも適用できます。

　まずは「守」で型に従って、ChatGPTで解決できる課題を当てはめていきます。既に第1章と第2章でChatGPTの仕組みや機能を説明しました。自分の業務において基本的な機能を活用できる場面を探して、ChatGPTで置き換えてみましょう。

　続けて「破」において、今までのやり方を破ってみます。自分の業務とChatGPTの機能を比較して模索を重ねながら新たな方法を発見すれば、既存業務のやり方を破ることができます。こうした新たな業務改善を実践する「破」が、第3章における目的となります。

　最後の「離」ではこれまで習得した業務改善を元に、新たなやり方を目

指します。さらに個人という立場を離れて、会社全体にChatGPTを展開します。これが「離」となり、自身の独創性や個性を発揮して、新たな仕事の進め方を作り上げましょう。社内に展開することで、自分自身のみならず組織全体でChatGPTによる業務改善を実現することが、本書の目的です。詳細は第4章の「"会社"で使えるChatGPT」で詳しく解説しています。

なお、守破離の教えには「本を忘るな」とあります。これは「根源を見失ってはならない」という意味で、ChatGPTにおいても前提や限界があることを示します。ChatGPTでも基本的な仕組みを習得しないまま導入活用を進めたり、適切に利用できる範囲を逸脱すれば、「形無し」となって失敗するでしょう。ChatGPTにおける業務改善においても、きちんと順を追って進めることが前提となります。

● 型（カタ）と系統（ケイトウ）

ChatGPTを利用できる環境でも、どのようにChatGPTを使うべきかわからず、迷う人も多いでしょう。既存の活用事例をそのまま当てはめても、限界があります。そこで本書では、「型（カタ）」と「系統（ケイトウ）」の考え方を紹介します。ChatGPTにおける業務改善において、「何をやるか」という目的が「型」であり、「何ができるか？」という手法が「系統」になります。

「型」は3種類あります。これを課題設定やChatGPTを活用する用途に当てはめながら、自分自身における業務改善につなげましょう。

次に「系統」を当てはめます。「系統」は6種類あり、「ChatGPTで何ができるか」という手法や解決策に当たります。まずは目的の「型」を当てはめて、次に手法の「系統」を組み合わせます。最初は「型」と「系統」という決まったパターンから、自分の業務でどのようにChatGPTを使うか試してみましょう。

3つの「型」×6つの「系統」による業務改善

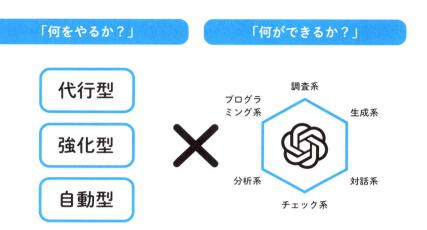

目的の「型」と手法の「系統」を
組み合わせてみましょう。

3つの「型」

ChatGPTによる業務改善について、3つの「型（カタ）」による考え方を紹介します。この「型」を把握することで、ChatGPTがどんな場面で役に立つかイメージしやすくなります。

3つの「型」には「代行型」「強化型」「自動型」があります。人間とChatGPTの関係性を示しながら、どのように型を利用するか解説します。

❯ 代行型：人間の代わりに作業する

目的：人間が実行できるものの手間がかかる作業を、ChatGPTが代わりに行ないます。例として大量かつ複雑な作業における、負担軽減が挙げられます。

事例：調査／質問への回答／文章の生成／データ分析

❯ 強化型：人間の能力を伸ばす

目的：ChatGPTで人間の能力をさらに伸ばします。たとえば、多くのアイデアを考えたり、相談しながら発想を展開させたり、広く深く情報を収集することが該当します。

事例：アイデア出し／壁打ちの相談／調査や翻訳による情報収集

❯ 自動型：同じ作業を繰り返す

目的：決められた作業を繰り返します。または、一定のルールに沿って作業を実行するGPTやプログラムやExcelのマクロを生成します。人間が行っていた作業をChatGPTによって置き換えるのが目的です。

事例：複数ファイルで同じ処理を行う／特定ファイルから指定したデータを抜き出す

3つの型は「手間のかかる作業をやらせる」「より大きな成果を出す」

「繰り返し作業を置き換える」という考え方です。3つの型は目的が重なる部分もあり、状況に応じて使い分けましょう。

　ここまで「代行型」と「強化型」と「自動型」の3つの型について解説しました。業務改善でChatGPTを使う際には、まず「型」における方向性を選択しましょう。

6つの「系統」

「型」の次は「系統」です。6つの「系統」は、ChatGPTが実行できる作業です。「系統」を把握することで、ChatGPTで何ができるかを理解できます。6種類の「系統」は、下記となります。

調査系：わからないことを調べる
生成系：成果物などを作る
対話系：対話しながら考える
チェック系：問題がないか確認する
分析系：傾向や特徴を探る
プログラミング系：プログラムの生成と開発支援

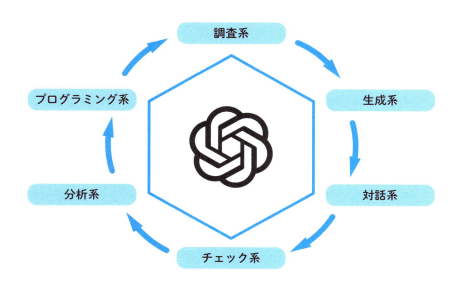

系統は順番が大事

　自分自身の業務改善を考える際には、系統における順番が重要になります。

　まずは問題点を「調査」して、資料などの成果物を「生成」し、「対話」しながら完成度を高めて、間違いがないか「チェック」した上で施策を実行します。そこで得られた結果からデータを「分析」して問題を改善しながら、一定のサイクルが完成したら「プログラミング」で効率化や自動化する、という流れです。

　この順序で業務改善を進めれば、成果を出せるでしょう。最初は型に沿って試しながら知見を積み重ねて、自分なりにアレンジしてください。また、自分の業務改善に取り組む場合だけでなく、会社で他の担当者が部門で担当する業務においても、同様の流れで改善に取り組むことができます。

　次ページより各系統について、順を追って説明します。

調査系

業務改善における最初の準備として、事前調査に取り組みます。たとえば「問題をどう解決するか」「わからないことをどうやって把握するか」などを調査します。

ChatGPTを活用して、調査業務を効率化しましょう。

調査方法を調べる

調査において、「どう調べるか？」「誰に聞くか？」「何を聞くか？」がわからない場面があります。例えばアンケートの対象者や選択肢を考えたり、取材における聞き取り事項をChatGPTで考えても良いでしょう。

また、調査においてはChatGPTが回答を間違える場合もあります。特に統計などは信頼できる提供元から調べましょう。

時間と手間を削減する

ChatGPTを使った調査において重要なことは、調査にかける時間や手間を減らすことです。ネット検索によって調査が楽になった反面、調べても終わりが見えなくなったと言われています。ChatGPTを利用するのは、方向性を探る「0→1」にとどめましょう。また、公式発表や統計など情報の正確性が重要になる場面では、ChatGPT以外による調査も必要です。「調査」による知見を得たら、次は調査結果を資料として「生成」します。

生成系

　生成系ではChatGPTから形のある成果物を作成します。業務改善において、調査結果をまとめて取り組むべき課題を共有するには、第三者にも把握できる形で成果物を出力する必要があります。そこでChatGPTを利用して、説明や提案ができる成果物として、資料を生成します。

　さらに生成された結果をそのまま使うのではなく、ChatGPTに指示して「続きを書く」「特定の部分を修正する」「文章の長さや表現を変える」などを繰り返して、完成度を向上させましょう。また、資料作成に必要な企画やアイデアも生成できます。このような試行錯誤を手軽に繰り返せるのは、ChatGPTのメリットと言えるでしょう。

　生成系の流れは下記の通りです。

・**大枠の作成**
　特定のテーマに沿った成果物を作るため、まずは伝えたい内容の大枠を作ります。この大枠から内容をまとめて、掘り下げましょう。あわせて成果物に適した表現やファイル形式、調査を踏まえて掲載すべき内容の取捨選択も行います。

・**成果物の生成**
　資料の方向性が決まったら、成果物として利用する形に合わせて生成します。調査した内容を元にプロンプトを指定して、最適な成果物を作成します。文章や箇条書きのテキストから、Advanced data analysisを利用し

て Word、Excel、PowerPoint などの形式でも生成できます。デザインは修正が必要ですが、叩き台としては十分です。文章だけでは伝わりづらい点も考慮して、グラフや画像、動画の生成も併用しましょう。

・成果物の確認

　生成された成果物は必ず確認しましょう。ここでは ChatGPT と人間で役割分担することが必要です。たとえば「営業担当が他社製品からの切り替えでお客様に提案すべきこと」についての回答なら、一般的な内容なので ChatGPT による正しい回答が期待できます。しかし「特定業界における自社製品の強みと競合製品との差別化」では、ChatGPT は個別の製品について情報を把握していません。こちらは専門知識を持つ人間と確認するのが良いでしょう。

　生成系のおかげで、成果物を簡単に作成できます。これまでのように、人間が1から作るより効率的です。しかし ChatGPT だけで完璧な資料は生成できないので、「元となる叩き台」を作ることを目指しましょう。

　そして修正や改善を自分だけで行うのは限界があります。さらに業務改善を進める中では、第三者に説明する場面も発生するでしょう。

　次の「対話系」では、人間とのやり取りを ChatGPT で再現しながら、成果物の完成度を高めます。

対話系

　成果物の叩き台ができたら、ChatGPTと対話をしながら完成度を高めましょう。人間に何度も相談するのは手間ですし、心理的な抵抗もあります。その点ChatGPTなら、いつでもどこでも何度でも気軽に相談できるのが強みです。さらに大量のアイデアを出したり、「なぜなぜ分析（「なぜ」という問いかけを繰り返して原因を探る）」を繰り返すなど、人間では大変な要望もこなせます。

　前述の「調査系」との違いは、答えがあるものを調べるのに対して、「対話系」は明確な答えがないことを掘り下げる点です。例として「都道府県別のりんご生産量を調べる」のであれば、答えが単一で明確なので「調査系」です。対して「りんごの生産量を増やす方法」は、複数の答えが想定されるので「対話系」の活用が役立ちます。

　対話による成果物の完成度向上として、下記の方法が考えられます。

・新たな提案の発見

　ChatGPTと企画やアイデアの壁打ちで相談しながら、新たな提案内容を考えましょう。質は不十分でも量が多いので、その中から使える案を探します。

・不明瞭な問題への対処

　業務において明確な数字では判断が難しい場面があります。例として部下への指導は、数字だけで的確なアドバイスを判断できません。

　そこでChatGPTと対話しながら、相手に合わせた指導を考えると良い

でしょう。

・説明をわかりやすくする

　成果物には、専門用語など説明が難しい内容も含まれます。そこで上司や同僚などの立場になって、わかりやすく表現しましょう。ChatGPT で自分自身の説明や相手が理解するのが難しい部分を抽出したり、専門的な内容をわかりやすく表現する方法を探ります。

・反応を予測する

　成果物を元に提案やプレゼンをすると、相手からの質問や反論が予想されます。そこで ChatGPT を相手の立場にして、想定される反応を予測します。事前に対応を考えて説得力のある回答を準備しておけば、評価も高まるでしょう。

・ビジネスマナーや取引先に配慮した表現

　できあがった成果物について、ビジネスマナーに配慮した表現や提出する相手に適した内容であるかを話し合います。取引先における関係性など、ChatGPT では把握できない部分は、人間が補うと良いでしょう。なお、契約書など専門知識を要する成果物のチェックは専門部署への確認が必須です。

　さらに完成度を上げるためには、確認を行う「チェック系」が必要となります。対話を通して自分では気付かなかった点を、ChatGPT に発見してもらいましょう。

チェック系

　成果物が一通り完成したら、問題がないかを調べて修正します。誤字脱字があれば印象が悪くなりますし、大量の文章から人間が間違いを見つけるのは手間がかかります。また、説明する相手や状況に応じて内容を変えたり、忙しい人向けに要約（サマリー）があると良いでしょう。
　このような確認から修正に至るまでの作業において、ChatGPTを活用します。

・校正
　誤字脱字や入力間違いなど文章の誤りをChatGPTで確認から修正まで行います。数字やアルファベットの全角半角を統一したり、漢数字と英数字を統一する表記ゆれにも対応しています。英語でも校正が可能です。

・要約
　長い文章や内容を短くまとめます。例えば経営者など忙しい立場の人は、資料を全て確認する時間がありません。そこで資料の最初に添付する要約（サマリー）の作成を、ChatGPTで行いましょう。
　また、論文や業界動向をまとめたレポートなど、文量が多いPDFファイルの要約でも役に立ちます。

・翻訳
　他言語への翻訳に加えて、文法やスペルの間違いも修正できます。また、

場面や目的に応じて最適な文章表現にしたり、よりわかりやすい表現を提案してくれます。

　文章をコピーして貼り付けるだけでなく、ファイルを登録して翻訳できます。翻訳にはGPTや、ChatGPT以外のツールもあるので、併用しましょう。

「チェック系」は、大量の報告書において誤字脱字や表記揺れを修正したり、重要な部分を抜き出して要約する場面などで役立つでしょう。自分だけで確認すると抜けや漏れがありますが、ChatGPTを併用することで完成度が向上します。チェックが終われば、作成した成果物を業務で利用することができるので、業務改善に役立ちます。

　次は、業務における「分析」に取り組みます。成果物を元に行われた施策に対して、どのような結果が得られたのかを検証してみましょう。

分析系

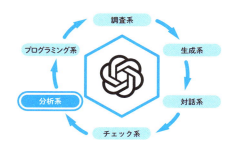

　完成した成果物や施策の実行結果を「分析系」で掘り下げます。分析によって施策の実行結果に対する問題点が明らかになれば、さらなる業務改善を期待できます。分析系は前述の「チェック系」における成果物の単純な確認ではなく、施策によって得られたデータを元に具体的な成果や失敗した要因を調べます。

　これまでは分析業務は苦手意識から避けられていましたが、ChatGPTによってその障壁が下がりました。今が分析に挑戦すべきタイミングと言えます。

　分析系でできることの例は次の通りです。

・データの可視化

　各種グラフを用いて、データを可視化（見える化）します。どのグラフを使うべきか迷った時はChatGPTに聞いてみましょう。

・データ分析

　施策の実行で得られたデータとしてExcelなどのファイルを読み込み、分析できます。また分析手法を調べたり、読み込んだファイルの傾向を把握したり、特徴を要約して回答もしてくれます。

　さらに、統計（平均・分散・中央値・標準偏差など）による分析も行えます。対話形式なので、Excelやデータ分析ツールよりも簡単に分析ができます。

・評価と添削

文章における内容や修正箇所を ChatGPT に分析させます。プロンプトで読みやすさや論理性などの評価軸を指定して、「各項目で10点満点で評価する」などの基準で分析させます。また、修正が必要な部分を把握できます。既存の文章や資料にも活用できるので、過去に作った成果物を見直す場面でも重宝します。

・予測と発見

過去のデータを元に、将来を予測します。時系列分析、機械学習、シナリオ分析などが実行できます。また、読み込んだデータから人間が気付かなかった傾向や特徴を探してくれます。

なお、ChatGPTで分析できるようになっても、分析結果は本人の分析能力に依存するため過信は禁物です。分析に必要な統計や数学などの知見がなければ、正しく分析できませんし、分析結果の根拠を示せません。

ここで紹介した内容はChatGPTで実行できるデータ分析の概要なので、詳細は技術書などを参考にしてください。

ここまで業務改善を実現するため、事前の「調査」、成果物の「生成」と「チェック」、結果とデータの「分析」という一連の流れを解説しました。

最後は「プログラミング」で、業務の効率化や自動化を目指しましょう。

プログラミング系

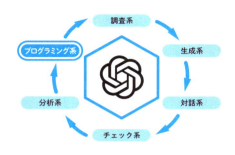

　ここまで進めてきた作業を、プログラミングによって自動化します。業務改善を実現するために導き出された施策を自動で実行するためにプログラミングを行いましょう。

　「調査」から「分析」までに至る流れを自動化したり、ルールや処理が決まっている特定作業をプログラミングで処理できます。特に日、週、月などの単位で繰り返し行われる定型業務や、人間には量が多すぎる作業において有効です。

　なお、本書はビジネスパーソン向けなので、個人の範囲における簡素なプログラムの作成を想定しています。なお、第2章で紹介した専用ChatGPTの作成機能である「GPTs」なら、プログラミングは不要です。しかしGPTsは手軽ですがプログラミングよりも実行できる機能が制限されるため、用途に応じて使い分けましょう。

　GPTsの作成方法は、「付録：もっとChatGPTを使いこなす」（P228）を参照してください。なお、自作のプログラムは予期せぬ問題を起こすため、社内規則で禁止されている場合があります。事前に社内情報システム部門などに相談してください。

❯ プログラムの生成方法

　実行したい処理（例：特定のフォルダにあるファイルの名前を一括で変更する／データベースから特定の条件に合致したデータを取得する）を日本語のプロンプトで書くと、ChatGPTがプログラムを生成します。生成するプログラミング言語を指定したり、データベースを操作するSQLや

Excel で動作するマクロも生成できます。

　ChatGPT とプログラミングの組み合わせには大きな可能性があります。そして本書ではプログラミング未経験のビジネスパーソンにも利用できる場面を想定して、簡単に紹介しました。しかし、プログラミングには本人の適性や向き不向きもあるので、すべての業務改善をプログラミングで解決する必要はありません。

　目的や状況に応じて、最適な手法を選択することが大切です。

業務改善に必要な「棚卸し」

　実際にChatGPTを使って業務改善をする上では、型と系統に当てはめて考えることと並行して、やるべき作業があります。それは、自分の業務について、改めて詳細を把握しておくことです。本書における「業務」とは、「一定のルールや方法や目的が決まっている」「言語化して記録されていない」「数値化やデータ化されていない」「人によって成果が異なる」「自分以外の第三者が関わる」という要素を含む作業のことです。決められた動きを繰り返して成果を簡単に把握できる単純作業ではなく、人によって方法が異なったり担当範囲が不明瞭になるなど、曖昧な部分が残る作業のことです。会社における多くの業務は、明確な権限や範囲が決まっていないため、詳細まで把握できていません。自分の担当範囲が不明瞭なままでは、どの業務でChatGPTを適用すべきかという道筋が立てられません。そこで「業務の棚卸し」を行います。

❯「棚卸し」であらゆる業務を見直す

「棚卸し」の本来の意味は「商品在庫を把握すること」ですが、本書では「会社において自分が何をやっているか把握すること」と定義します。

　そこで毎日の出社から退社まで、行った業務をすべて書き出してみましょう。さらに日、週、月、年単位の繰り返しで行う定型作業や、突発的に発生する対応を含めて一覧にまとめます。すぐに埋まるものではないので、思いついたら書き出しても良いでしょう。

　業務の棚卸しをする理由は、自分が取り組む業務を改めて把握するためです。そのためには細部化して解像度を上げて把握する必要があります。たとえば「○○をChatGPTでやりたい」と考えた場合、「何が目的か？」「どんな作業か？」を正確に把握しなければ、適切にChatGPTに指示することができません。だから業務内容を棚卸しして、明確な文面にして、指示を考えるための材料とします。

棚卸しの参考となるモデルケースを紹介します。営業部門で、自身の仕事をこなしながら部下も管理する中間管理職のモデルケースです。

役職：営業部課長
業務：担当商品の営業・部下及びチームの統括

分類	担当業務	使用ツール	必要な作業
資料作成	営業用書類	Excel・PowerPoint	書類への必要事項の記入
	議事録	Word	文章の整形・要点の確認
	海外取引先向け翻訳	Google翻訳	翻訳と要約
	プレゼン資料	Excel・PowerPoint	企画出し・内容のまとめ
報告・連絡	社内外の連絡	メール・チャットツール・電話	連絡事項の準備・文章作成
	顧客と打ち合わせ	対面・オンライン	提案の準備
	上司と部下への対応	対面・チャットツール	報告や相談の準備
データ分析	売上予測・案件管理	Excel・分析ツール	データの収集と分析
	データに基づく意思決定	Excel・分析ツール	分析結果の把握
情報収集	市場や企業に関する調査	ネット検索	調査と分析
学習	語学や資格の学習	e-Learning	勉強時間の捻出
予定の管理	作業の登録と共有	社内グループウェア	カレンダーに登録
事務手続き	勤怠入力・交通費精算	社内業務システム	必要事項の入力

　ChatGPT による業務改善で重要なことは、自分の業務について自分で棚卸しを行い、ChatGPT を活用する勘所を探すことです。ネットで改善の事例を探したり、部下に ChatGPT 活用法の調査を指示したり、他人からアイデアを募っても限界があります。なぜなら自分の業務に一番詳しいのは、自分自身だからです。

　他人ではわからない部分まで、徹底的に棚卸しをします。その上で「なぜ特定の場面で困るのか」「何をやりたいか」など、達成したいゴールまで考えておきます。

　このように作業の流れを細かく把握しながら、段階を追ってどうやってChatGPT で業務改善を実現するか試行錯誤を重ねましょう。

●「棚卸し」から「型」と「系統」に当てはめる

棚卸しにある「プレゼン資料」を3つの型に当てはめて考えると、人間の代わりに作業する「代行型」が適しています。

また6つの系統に沿って、ChatGPTで効率的に作成する流れを考えると、下記のようになるでしょう。

例：プレゼン資料をChatGPTで効率的に作成する流れ

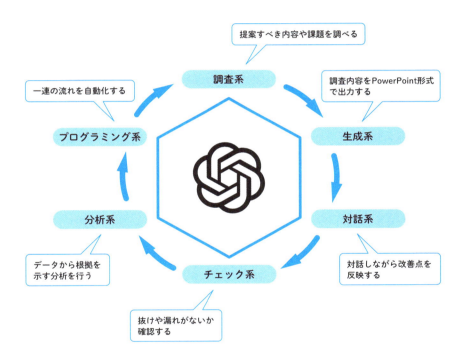

「型」と「系統」のまとめ

　３つの「型」は、「人間の代わりに作業をする（代行型）」「人間の能力を伸ばす（強化型）」「作業を自動化する（自動型）」という目的になります。６つの「系統」は「何ができるか？」という方法です。つまり「型」という土台の上に、方法としての「系統」を割り振る考え方です。

　ChatGPTを使って仕事の業務改善を考える際には、業務の棚卸しからあらためて全体像や詳細を把握して、目標に応じて、どの型（目的）と系統（手段）を組み合わせるべきか考えてみましょう。まずはこうした決められたパターンに当てはめて考え、試行錯誤することで経験を積んでいきます。

　なお、業務改善に当たっては、専門知識が必要になる場面もあります。これは単純な効率化を優先するあまり、安全性や品質管理において必要な作業を排除する危険を回避するためです。業務上の規則には、このような背景があることも考えられるので、業務改善を行う上では短絡的な発想に陥らないよう注意してください。

　ここまでChatGPTを活用してきましたが、実際に業務改善を実行するのは人間です。あくまで「ChatGPTは業務改善を進める上で役立つ場面がある」という点に留まります。さらに社内向けの提案や説得、最終的な意思決定も人間が関わります。現場で業務改善を行うのも人間であり、ChatGPTだけでは完結しません。前述の第２章と同じく、自分の頭と手を動かしながら業務改善を実現しましょう。

❯ 解像度を上げる

　自分の業務でChatGPTを使うために重要なのは、解像度を上げることです。ここで言う「解像度」とは、業務に対する深さと広さの観点における理解度を指しています。業務に対する不便な点を「後でやる」「手間が

かかる」で終わらせず、詳細な手順や問題点を明確に言語化することを「解像度を上げる」と捉えます。

そして解像度を上げるためには、思考と行動を繰り返すことが重要です。「なぜ手間なのか？」「どうすれば改善できるか？」を繰り返します。行き詰まったら作業工程を小さく分割したり、詳しい人に相談したり、現場に出向いてみましょう。ここでChatGPTと壁打ちしても、一般的な回答どまりです。ChatGPTだけでなく社内の詳しい人と協力しながら、解像度を上げましょう。

まずは身の回りの業務改善から

個人の業務改善なら影響は少なく、気軽に試行錯誤できます。まずは自分が関わる範囲で、ChatGPTによる成功事例を作りましょう。

自分が担当する範囲内で業務改善を試みながら、知見を増やすことには理由があります。それは過去の第三次AIブームにおける問題に起因します。当時は「AIでなんでもできる」という風潮がありながら、実際には「AIをどこで利用すべきかわからない」「AIで解決したい問題が定まらない」という問題を抱えていました。それでもAIを試作して失敗する事例が多々あり、初期段階のPoC（Proof of Concept・概念実証）」における失敗を繰り返して費用がかさむ「PoC 貧乏」が話題になりました。さらに実際の導入活用へ進むことができず、具体的な成果が出ないままブームが去っていきました。

自分で取り組む業務改善

　第2章で紹介した機能や専用 GPT を作成する「GPTs」に、第3章で解説した型と系統を組み合わせれば、個別の要望に合わせた業務改善を実現できます。ここまで紹介した内容と ChatGPT があれば、自分自身で業務改善に取り組めます。下記に活用例を挙げてみます。

・情報の把握と共有

　業界向けレポートを読み込ませて、自動で要約したり、知りたい内容を対話しながら把握できます。また、会話の文字起こしツールと組み合わせれば、議事録を短時間で作成できます。

・アイデアを考える

　まとめた内容を箇条書きにしたり、表や図で見やすくなれば、アイデアも活性化します。また、マインドマップ（要素同士の繋がりを持たせた図）で発想を促す形に変換してみましょう。

・複数のファイルに様々な処理を適用する

　複数の Excel ファイルを参照してグラフ作成などをまとめて実行したり、複数のメール送信先に対して個別の文章を作るなど、作業をまとめて実行できます。

・オフィスソフトとの連携

　Word からレポートの文章を読み込み、Excel からデータ分析を行って、結果を PowerPoint で出力するなど、定期的に行う作業を自動化できます。

・データ分析の自動化

データの読み込み、分析、グラフの作成、レポート形式への変換まで自動で行います。定期的に最新データからレポートを作成する作業などで役立ちます。

・見栄えの良いグラフの作成

アニメーションで動きをつけたグラフや、地図に置き換えたグラフを作成できます。

・社内ツールとの連携

自動でスケジュールを確認して予定を調整したり、社内のデータを参照して回答してくれます。なお、社内ツールと GPT の連携については、事前に社内情報システム部門へ確認してください。

・対話の相手

役割やキャラクター設定を持たせて、音声で回答できるようにすれば、対話相手になってくれます。面談や面接の練習にも良いでしょう。また、必要な情報を学習させれば、特定用途向けの質問と回答に対応できます。

・画像の活用

手描きの図を撮影して資料として使えるグラフや表に清書したり、画像から文章や数字を抽出してデータに変換できます。ChatGPT は文字と数字を認識できるので、名刺やレシートや領収書の管理にも役立ちます。

ここまで業務改善の事例を紹介しました。GPTs においては、既に「GPT ストア」に似た機能が登録されている場合もあります。作成前に調べてみましょう。

会社で使えるから
意味がある

　ここまで ChatGPT を用いた、自分の仕事における業務改善を説明しました。ChatGPT が様々な場面で役立つことを、自分自身で体験しながら学べたと思います。

　重要なことは、「ChatGPT を使うこと」ではなく、「ChatGPT で成果を出す」ことです。そのために ChatGPT を使い倒して、業務で役立つ場面を見つけてください。まずは自分の頭と手を動かしながら、ここまで紹介した業務改善を追体験しましょう。

❯ 試行錯誤が成功への道

　ChatGPT による業務改善は、試行錯誤が前提となります。最初は精度が悪かったり、間違いもあるでしょう。そこで様々なプロンプトや GPTs も試してみましょう。失敗しても個人の業務で対応できる範囲であれば、問題ありません。すぐに成果が出なくとも慌てずに、最適な方法を探ってください。

　コツは、最初から高い完成度を求めないことです。仮に ChatGPT による作業の精度が低くても、そこは人間が支援すれば済むことです。従来と比べて人間の作業を少しでも削減できていれば、メリットがあると言えるでしょう。

　そして ChatGPT による業務改善で成果が出れば、周囲の人にも勧めてみましょう。あなた以外にも ChatGPT に関心がある人や、業務改善に挑戦したい人がいるはずです。こうして ChatGPT に関心がある人を増やしていきましょう。また ChatGPT を社内で普及させる過程で、周囲から新たなアイデアや要望も出てくるはずです。

　次章では「会社で使える ChatGPT」について解説します。

"会社"で使えるChatGPT

企業がChatGPTを
導入活用する理由

　ChatGPT 導入活用の到達点として、ここまで学んだことを会社全体に展開して業務改善を実現しましょう。これが「会社で使える ChatGPT」です。そのために個人から会社で利用するために必要な「どんな準備が必要か？」「安全性をどう確保するか？」「広く利用してもらうには？」などの課題を解決していきます。さらに、先行して ChatGPT を活用する企業に取材した具体的な取り組みや事例も紹介するので参考にしてください。

　なぜ個人だけでなく、会社全体での利用を目標にするのでしょうか。個人と会社を比較すると、ChatGPT によって生み出せる成果は大きく異なります。たとえば1人1日5分間の時間短縮によって、1年間なら20時間の成果となります。これが1万人の会社ならば、年間で20万時間の短縮となり、大きな成果です。さらに売上増、生産性向上、新規事業の立ち上げ、コスト削減、業務の抜本的な改革などにおいて、個人とは比較にならない成果を期待できます。

　導入活用を推進するもう1つの理由として、データ活用とノウハウの継承が挙げられます。ChatGPT が持つ情報は事前に学習済みのデータであり、特定の企業が持つ固有の問題には対応できません。しかし社内規則やノウハウのデータを追加で学習させれば、自社が行う特定業務への対応や、ベテラン従業員のノウハウなどを ChatGPT が習得できます。こうして ChatGPT と人間が持っている能力にデータを掛け合わせることで、より大きな成果と他社との差別化も実現できます。

　会社には様々な部門、職種、働く場所があります。職種や部門を考慮すれば、営業や広報や人事ではそれぞれに抱える課題も異なります。また、工場や店舗や屋外の現場で働く従業員にとっては、パソコンよりもスマホで ChatGPT を使える方が便利でしょう。それぞれの立場や目的や状況に合わせて、最適な ChatGPT の導入活用を実現してください。

なぜ失敗するのか？

ChatGPT の導入が進む一方で、失敗するプロジェクトもあります。導入の検討を行う前に失敗につながる要因を把握しておけば、そうした失敗は事前に回避できます。既に第三次 AI ブームにおける「AIへの理解不足」という原因は解説しました。同様に ChatGPT で想定される失敗パターンについて、紹介します。

❯ プロジェクトが失敗する典型的な原因

・コスト削減だけが目的

ChatGPT に限らず IT ツールの導入目的として、コスト削減が強調されがちです。しかし表面的かつ短期的なコスト削減を目指すと、視野が狭くなります。たとえば人件費などのコスト削減に成功しても、一方で導入にかかる教育や社内政治などの見えないコストが増えることもあります。

導入に際しては中長期的な視点も考慮しましょう。また、コスト削減という「守り」だけでなく、新たな収益を生み出す「攻め」の用途も検討してください。

・過度なリスク回避

ChatGPT には、情報漏洩や間違いなどの懸念があります。こうしたリスクを過度に恐れて、ルールやセキュリティ対策を厳重にしすぎると、使い勝手が悪くなって誰も利用しません。

適切なセキュリティ対策とリスク管理のバランスを取りましょう。

・代替品として利用

ChatGPT を従来のネット検索や、自動で質問に回答するチャットボットの代替品と安易に考えることは失敗につながります。それぞれの製品やサービスには強みや適性があり、そのまま ChatGPT で置き換えられるも

のではありません。

　特に ChatGPT は曖昧な問題に対する支援や人間の思考や能力を広げることに適していますが、正確さを求められる用途には不向きです。それぞれのツールに適した役割を踏まえて、新たに導入する目的を考えましょう。

・利用規模が決まらない

　ChatGPT を利用する人数は、プロジェクトの成否に影響します。少人数から始める場合は短期間かつ低予算で導入できますが、成果は限定的です。対して全従業員向けなど大規模な導入になると成果が期待できる反面、準備や開発にかかる負担も大きくなります。

　まずは利用規模を明確にしなければ、計画が立てられずいつまでもプロジェクトが進行しません。

・外注先に丸投げ

　社内情報システム部門が外注先に依存しており、社内に ChatGPT に詳しい人材がいなければ、外注先による提案などを正しく判断できません。さらに自社の最適な用途探しまで委託しては、いわゆる「丸投げ」になります。丸投げの結果として「導入だけ」で終わってしまい、ChatGPT は使われないでしょう。

・人材がいない

　ChatGPT を全社的に導入活用するためには、様々な能力を持つ人材が必要です。特に計画立案から導入活用までの段階において、異なる能力を持つ人材が必要となり、プロジェクトをまとめる中心人物が重要です。

　プロジェクトの進捗を把握して、社内外を動かしながら導入活用を推進する人材がいなければ、頓挫してしまいます。

・IT の理解度が低い

　まだまだ ChatGPT に対して、社内における認知度は低いです。このような状況で ChatGPT を導入しても、従業員は使いこなせません。そもそ

も電話とFAXと書類で仕事をするアナログな会社が、一足飛びにChatGPTを使いこなすことは不可能です。

またITに不慣れな従業員がChatGPTをネット検索と同じ感覚で利用した結果、「間違いが多い」「役に立たない」という悪い印象を招いて、利用率が下がった事例もあります。

・業務の進め方を変えられない

ChatGPTが導入されれば、従来の業務から変更が発生します。そこで業務の見直しに対する激しい抵抗が生じると、現状維持が優先されてChatGPTが活用されません。

これまでと同じ作業を繰り返す前例踏襲を最善とする組織では、ChatGPTは利用されないでしょう。

・業務の流れや指示体系が確立されていない

業務全般で明文化されたルールや仕組みがなく、人に依存した組織ではChatGPTは不向きです。ChatGPTはプロンプトで明確な指示を出す必要があり、文章力や指示系統が乏しいままでは、会社全体で活用できません。さらにChatGPTを活用すべき業務の洗い出しにおいても、元となる業務の進め方を把握しなければ検討すらできません。

曖昧な指示で複雑かつ多様な作業を行えるのは人間だけであり、ChatGPTで人間の代替はできません。

・流行に影響されやすい

既にChatGPTは多くの導入活用事例があり、メディアで目にする機会も増えました。そのため流行に踊らされて、目的がないまま導入して失敗する例があります。特に経営陣が「○○（経済誌やテレビやYouTubeやセミナー）で見た」「同業他社が導入した」「専門家との会食で提言された」などと言い出した場合は、真っ先に止めてください。思いつきなので、そのうち忘れるでしょう。

・経営陣を説得できない

どのような経緯であれ、最終的に意思決定を下すのは経営陣です。プレゼンや提案を行って、了承を取る能力がなければプロジェクトは進みません。

費用対効果やリスク管理における懸念が強かったり、ChatGPT への知識が乏しい経営陣を納得させるのは大変です。積極的な合意がなければ支援を受けられず、成功の難易度が上がります。

・現場を説得できない

ChatGPT を利用する現場に対して、理解と了承を得なければ失敗します。特に現場からの要望ではなく、上層部からの指示で導入される場合は、業務における変化を嫌ったり、ChatGPT に対する不安や懸念で反対する人もいるでしょう。

現場から断られてしまえば、導入は進みません。

ここまでに紹介した懸念点がある場合、まずは対策を進めましょう。懸念を残したまま準備を進めるのは、危険です。次ページより、成功に導くための環境整備について解説していきます。

ChatGPTを活かす環境整備

　導入の検討を始める前に、社内の状況を確認してください。その上で、前述のような失敗が想定される場合は、まずは ChatGPT を受け入れる環境を整備してから正式な検討に進みましょう。

　ChatGPT の導入活用を実現する環境整備として、下記より必要な取り組みを紹介します。

成功に導く環境整備
・経営陣から現場まで理解を促す

　会社として ChatGPT に対して前向きな意欲があれば安心です。しかし、まだそのような状況でなければ、短期間で社内の空気を変えるのは難しいため、徐々に意見を出しながら賛同者を増やすなど対応を進めましょう。ChatGPT を導入すべき背景を探りながら、根拠として他社の事例や取り組みを共有したり、試験導入による成果を提案するなどが有効です。

　たとえ組織全体での合意形成は難しくても、一定割合でも積極的に導入を支持する姿勢があれば安心です。

・ChatGPT の知見を深める

　ChatGPT について調査や試験導入を行って、組織全体として本格導入を行う前にノウハウを蓄積しておきましょう。

　外注先に依頼する場合でも、社内で知見を持っておくことは重要です。外注先への依存度が高いと手間や時間もかかるため、ある程度は社内で対応できる体制を準備しましょう。知見を深めるためには、社内で勉強会を行ったり、外部から有識者を呼ぶと良いでしょう。

・計画を進める人材を揃える

　導入活用プロジェクトの起案、実行、展開に至る一連の業務を主導する人材が必要になります。特に ChatGPT においては社内事情を把握している人材が必要なので、社内から抜擢するのが理想です。併せて、開発を行うエンジニアなどの人材も集めましょう。意欲のある人材が集まれば、社内でも意見を無視できなくなります。

・組織の壁を越える

　社内の意思統一を図るため、部門や立場の壁を越えて ChatGPT の必要性を訴えます。施策としては、役職者への働きかけや、部門間における話し合いの場作りが挙げられます。あるいは先行して導入した企業を視察して、意見交換などを行っても良いでしょう。

　どうしても社内には部門間の壁があり、ChatGPT に対する温度感も異なります。そこで壁を越えて一緒に同じ目的のために活動して時間を共有しながら、ChatGPT の受け入れ体制を整えましょう。

　2010年代における第三次 AI ブームにおける反省として、「AI があれば何でもできる」という誤解がありました。そして AI を活用できる環境が整備されないまま導入が進められた結果、AI は本来の性能を発揮できませんでした。そして過度な期待に対する失望から、ブームは沈静化しました。

　その反省を踏まえて現在に改めて提唱すべき概念が、ChatGPT を活かせる環境を整備する「AI（アイ）してます」です。これは「AI を正しい環境で活用します」という意義を示しながら、過去の「AI があれば何でもできる」という無理解を省みる意味があります。

　また、「AI してます」は「愛してます」とも読めるので、「AI が好き」「AI を理解している」という意味にも取れます。

　このように ChatGPT 導入活用においては、組織全体における環境整備が重要です。既に ChatGPT を導入した企業でも、事前に入念な準備が行われていました。準備こそ成功を導く秘訣だと覚えておきましょう。

導入活用
プロジェクトの流れ

　ChatGPTを活かせる環境整備が進めば、正式にプロジェクトを開始します。プロジェクト全体の流れはこのようになります。

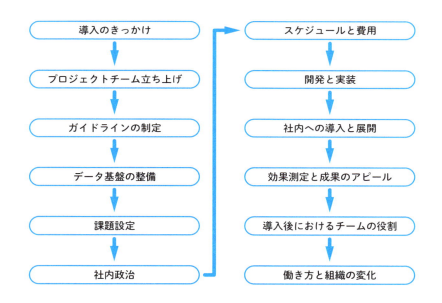

　導入活用のきっかけから検討を進めて、プロジェクトチームの立ち上げ後に、ガイドラインとしてルール作りを行います。次にデータ基盤の整備を進めて、ChatGPTで解決すべき課題を定義します。そして社内政治を進めて意見を取りまとめて、スケジュールと予算を確定させれば開発へ進めます。さらに技術的な検証などを行いながら、ChatGPTを実装します。導入後は社内での利用を推進しつつ、費用対効果について測定しながら実績をアピールして、ChatGPT導入後に取るべき対応を進めながら、働き方や組織が変わっていく、という流れです。

導入のきっかけ

　ChatGPTを会社で導入するきっかけは、2種類あります。1つ目は経営陣など上層部から指示が下る「トップダウン」で、2つ目は現場から会社へ提案する「ボトムアップ」です。ChatGPTに限らず会社が新たな施策を始める場合は、どちらかになるでしょう。それぞれのメリットとデメリットを把握しておきます。

・トップダウン
メリット：意思決定などで時間がかからず、スピーディーに進められます。また、組織全体や部門間にまたがる業務など、大きな変革が期待できます。
デメリット：現場や現実を無視したまま進み、見せかけの数字や形式上の結果で終わりやすくなります。また具体的な目的やゴールが不明瞭になり、導入だけで終わる可能性も高いです。

・ボトムアップ
メリット：自発的な活動なので、積極的に取り組む人材が多くなります。現場が強い日本企業に適しています。また、現場の要望に合わせるので同意を得られやすいです。
デメリット：上層部や他部門との調整に手間取って、頓挫する可能性が高いです。一部の部門や特定業務など、局所的な改善に留まりやすいでしょう。

❯ トップダウンか？　ボトムアップか？

　トップダウンとボトムアップによって導入規模も変化します。トップダウンでは社内全体などの「一斉導入」、ボトムアップでは試験的な運用を経て徐々に拡大する「スモールスタート」から始まる傾向があります。
　どちらも一長一短ですが、安全な方法としてはボトムアップによるス

モールスタートで始めて、問題が起きても影響が少ない業務から導入するのが良いでしょう。

　対して、トップダウンで全社に一斉導入して1万人以上が利用する事例もあります。難易度は高くなるものの、最初から会社全体で使うことで従業員への意識変革を促したり、ノウハウの共有が推進されるなど、より大きな成果が見込めます。

　いずれにせよ目指すゴールは「導入」ではなく、「成果」です。トップダウンでもボトムアップでも、導入を検討する際には、どのような成果につなげるのかを決めましょう。目指す成果が不明瞭なままプロジェクトを進めると、導入自体がゴールとなってしまい社内でChatGPTの活用が定着しません。

プロジェクトチーム
立ち上げ

　正式に ChatGPT 導入活用プロジェクトを開始するにあたって、プロジェクトチームを発足します。ここではプロジェクトチームを社内と外注先のどちらで立ち上げるか、中心人物となるプロジェクトマネージャーの資質、メンバー構成などを解説します。

❯ 社内でプロジェクトチームを立ち上げられるか？

　ChatGPT の導入活用を中心となって進めるプロジェクトチームは、外注先ではなく社内での立ち上げを推奨します。なぜなら ChatGPT 導入に伴う業務の変更や社内の合意形成が必要な場面や、セキュリティ対策などで社内情報システム部門の連携が不可欠となった際に、会社の文化や慣習、業務知識や仕事の進め方といった社内事情に詳しい人材が求められるためです。

　対してプロジェクトチームを外注先に依存すると、最初に社内事情を説明する時間が必要で、自社に適した計画を立案するまでに手間がかかります。さらにプロジェクト進行中において、社内担当者がプロジェクトチームからの情報を正しく理解できず、右から左に情報共有するだけの伝達係に陥る事態を招きます。こうした状況は、過去の第三次 AI ブームにおける失敗要因となりました。

　もっとも、プロジェクトのあらゆる業務を自社内で完結させることは、困難です。そこで外注先に委託する場合でも、プロジェクト全体をまとめながら社内政治を進める中心人物は、社内から抜擢しましょう。その上で、外注先の IT 企業やコンサルティングファームの人材には、技術開発や課題設定などの専門的な分野を任せるべきです。すべてを社内で対応するのは難しいですが、社内の人材を絡めた適材適所でチーム立ち上げを目指しましょう。

導入のキーマンとなるプロジェクトマネージャー

　導入活用プロジェクトにおいて、人材は最も重要でありながら不足する要素です。特に計画を立案して遂行する中心人物となるプロジェクトマネージャーが不足します。プロジェクトマネージャーには、技術的な問題をエンジニアと協業しながら解決したり、社内からの要望をうまく調整するなど幅広い能力が求められます。導入活用には技術だけでなく、業務知識や業界ごとのルールに加えて、社内の慣習に対応しながら関係者の説得も必要だからです。そして第3章までに紹介したChatGPTを自分自身の業務で活かす知見は、ChatGPTの活用法の見極めにつながります。

　このように本章ではプロジェクトマネージャーに必要な要件を一通り学べる構成になっています。これまでの経験に加えて、ChatGPT特有の課題や注意点を把握してください。

プロジェクトチームの構成メンバー

　チームメンバーは、プロジェクトマネージャー、エンジニア、ビジネスコンサルタントを中心として、必要に応じて人員構成を組み立ててください。一例としてこのような体制が考えられます。

　併せて、社内外の関係者についても解説します。

プロジェクトチームの例

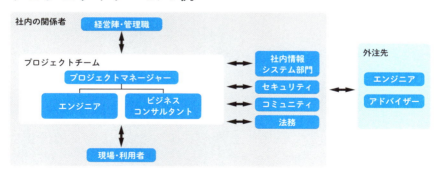

・プロジェクトチーム

プロジェクトマネージャー：チームの中心となって、プロジェクト管理全般を担当します。意思決定、メンバーとの連携、社内の各部門と調整、経営陣向けの報告、外注先との折衝など幅広く対応します。

エンジニア：導入前の技術的な検証、セキュリティを考慮した設計、開発における実装作業などを担当する技術者です。また、社内情報システム部門との連携や、個別に学習させるデータの準備なども行います。

ビジネスコンサルタント：ChatGPT を利用する業務の選定や課題設定を担当します。また、事例や機能における情報収集、従業員向け研修などを支援します。

・社内の関係者

経営陣・管理職：プロジェクトにおいて、最終的な意思決定を下す立場です。進捗や成果などを確認しながら、プロジェクトに必要な社内承認などを進めます。

社内情報システム部門：既存の情報システムにおける運用を担当しています。新たに ChatGPT を導入するに当たって、技術的な検証などを調整します。

セキュリティ：社内情報システムのセキュリティ担当です。ChatGPT の利用状況や入力情報を監視して、情報漏洩などの事故を未然に防ぎます。

コミュニティ：社内で ChatGPT の利用法について共有したり、操作が苦手な人を支援するなど、利用促進を手掛ける社内組織を運営します。困ったときに頼れる存在として、導入前後の活用推進を担います。

法務：ChatGPT は、様々な法律やプライバシーが関連します。コンプライアンスを遵守した安全な運用を目指して、ガイドラインやルール作りに関与します。

現場・利用者：実際に ChatGPT を利用する立場です。意見や要望を出したり、動作確認や障害報告などを行います。

・外注先

エンジニア：受託開発を請け負う IT 企業から派遣されるエンジニアです。

社内で開発できる人材が不足する場合に依頼することを想定しています。
アドバイザー：社外の立場から ChatGPT に詳しい専門家として、アドバイスします。エンジニアと同様、社内で詳しい人材がいない場合や、第三者の視点による助言が必要な場合に依頼します。

❯ プロジェクトマネージャーの任命

プロジェクトチーム立ち上げにおいて最初に行うのは、中心となるプロジェクトマネージャーを決めることです。プロジェクトマネージャーには ChatGPT に関する知見のみならず、進捗管理やメンバーとの連携など幅広い能力が求められるため、一定の経験や役職がある人材を選びましょう。

・プロジェクトマネージャーに求められる能力

システム開発プロジェクトのマネジメント経験
プログラミングや設計などエンジニアの経験
システムの保守や運用における経験
ChatGPT を含めた生成 AI や大規模言語モデル（LLM）の知見
クラウド（Microsoft Azure）の知見
プレゼンテーション能力（資料作成など）
コミュニケーション能力（会議の運営など）
外注先の管理能力

あくまで理想なので全ての条件を満たすのは難しいものの、経験が乏しい人材では本人にも会社にも不幸な結果を招くでしょう。必要に応じてプロジェクトマネージャーを補佐するサブマネージャーを配置したり、上司がフォローするなど体制を整えてください。

また、他のプロジェクトと兼任させる場合は注意が必要です。そもそも兼任である時点で ChatGPT プロジェクトにおける緊急性や重要性が低いので、後回しにされて遅延する可能性が高くなります。専任にしたり、一定期間は集中して取り組めるように業務を整理するなど、周囲の配慮も重

要となります。

では、プロジェクトマネージャーとなる人材をどこから登用すべきでしょうか。

・社内から登用

システム開発プロジェクトにおいて一定の知見を持つ人材が社内にいれば、該当者をプロジェクトマネージャーとして社内から選出すると良いでしょう。さらに ChatGPT について見識を持っており、適切な企画立案や質疑応答ができる人材が条件です。これは社内のエンジニアや外注先からの技術に関する進言を鵜呑みにせず、正しい判断ができないと後々に問題となるためです。社内向けに説明する状況においても同様です。

また、社内で上層部や各部門へ働きかける立場なので、一定の在籍年数、実績、役職、影響力などがある人物でなければ務まらない点も考慮してください。なお、企業の傾向として新卒からの生え抜きが優遇されることもあり、中途採用者では社内政治に支障がある点に注意しましょう。

モデルケースとしては、JR 西日本や大阪ガスにおけるデータ分析チームが挙げられます。社内で選抜されたプロジェクトマネージャーを中心にチームを立ち上げ、メンバーを集めながらデータ分析を用いた業務改善を実現しています。ChatGPT を先行して導入した企業においても、同様に社内のチームが中心となって進めた事例があります。なお、このような人材育成や体制づくりは、年単位での時間と社内の理解が必要となるので注意してください。

・外部から登用

多くの企業は長年にわたって情報システムを外注先に委託する傾向がありました。一方で、社内向け IT プロジェクトを推進する人材を外部から登用する動きが活発化しています。例としてワークマン、ヤマト運輸、中外製薬、ビックカメラ、旭化成、日清食品、イオン、セブン＆アイ・ホールディングス、日本郵政、小林製薬、日立造船（カナデビア）、ミツカンなどが挙げられます。

しかしながら実績のある人材は限られており、外部登用は厳しくなりま

す。時間をかけて人材を探したり、経営陣から直接説得するなど、中長期的な視点で準備しましょう。

　プロジェクトマネージャーを社内と外部のどちらから登用すべきかは、状況に応じて考慮しましょう。社内のIT人材が乏しかったり、大規模なので外部から実績のある人材を招聘せざるを得ない場合があります。外注先に依頼する場合も、丸投げせずに補佐する人材は社内から登用しておき、一緒に業務を進めながらノウハウを吸収しましょう。こうして自社内にノウハウを蓄積することで、外注先への過度な依存を防ぎます。

　ChatGPTの導入活用は継続的な業務となるため、徐々に社内で対応できる体制を構築しましょう。

● メンバーの選任

　プロジェクトマネージャーの決定後、初期メンバーの選任に進みます。チーム立ち上げ時の人選は重要です。前述のメンバー構成における「エンジニア」「ビジネスコンサルタント」を中心に、冷静で的確な判断力を発揮して人材を集めましょう。

　メンバーの登用には本人が立候補するか、会社で指名する場合があります。立候補は意欲は十分ですが、求められる能力と合致するか注意してください。指名する場合は最適な人材が選べるものの、人事異動などの手間がかかります。事前に経営陣などの了承を取ってから影響力を行使して、根回しを済ませてからメンバー集めに着手しましょう。

　人材の構成は社内を中心にしながら、エンジニアなど社内登用が難しい職務は中途採用、育成、外注先などで調整しましょう。初期メンバーの選任は重要なので、後述する経営陣における後ろ盾や権限をうまく利用してください。

外注先の選定

特に技術開発を担当するエンジニアにおいて、人材不足を補うために外注先に委託する場合は注意が必要です。ChatGPT の導入実績を標榜する IT 企業において、都合よく条件に合致したエンジニアのスケジュールが空いているとは限りません。そもそもエンジニアは慢性的に不足しており、優秀な人材は有名企業に在籍しているか、好条件な転職先を探しています。さらに ChatGPT に関連する技術は短期間で簡単に身につきません。担当者による「優秀なエンジニアをすぐに派遣できる」などの都合が良すぎる発言には注意しましょう。

昨今では IT 活用に強いコンサルティングファームによる支援もありますが、費用の高さが懸念です。導入費用が高騰すれば、期待値と損益分岐点が上がります。確実な成果を出せる見込みがあるかなど、慎重に検討しましょう。

外部の有識者をアドバイザーとして依頼する場合も注意が必要です。人選段階では、メディア出演などで知名度が高く、SNS のフォロワー数が多い人に注目しがちです。このような人材は最新情報や海外事例に詳しく、トークやプレゼンは上手でしょう。しかし、自社の ChatGPT 導入活用に良い影響を与えるとは限りません。そもそも最新情報は必要に応じて調べれば済みますし、海外の成功事例が自社の成功につながる根拠はありません。

自社に合わせた活用法や現実的な運用を提案して導入を進められる能力がなければ、知名度だけの人に依頼する意味はないでしょう。実務で役に立つ人材であるか判断してください。

外注先の選定は、プロジェクトの成否を分ける重要な要素です。「大企業だから」「スタートアップだから」「有名だから」「以前からのお付き合いだから」「偉い人の紹介だから」「営業担当の印象が良いから」「見積もりが安いから」「広告で見たから」「展示会に出展していたから」などの理由だけで決めてはいけません。安易な経緯で依頼すれば、プロジェクトは確実に失敗するでしょう。

権限を付与する

　プロジェクトマネージャーにとって必要なのは、社内において後ろ盾となる存在です。具体的には、経営陣のお墨付きや威光のような目に見えない権限が重要となります。プロジェクトを進めると社内外における調整や説得に加えて、反発もあるでしょう。そこで後ろ盾があれば対処できますが、なければプロジェクトは進展しません。また、メンバーを集める段階においても、他部門からの異動などが伴う場合は、権限があれば合意を得やすくなります。

　こうした後ろ盾が特に必要なのは、外部から中途採用されたプロジェクトマネージャーです。たとえ経営側で合意が取れていても、管理職、現場、社内情報システム部門、労働組合、取引先などから反発が予想されます。しかし中途採用された立場では、社内に味方がおらず孤立しがちです。実際に社内の反発から責任者が退職した事例もあります。そこで後ろ盾になる経営陣が反発を抑え込むなど、円滑にプロジェクトを進める体制を作りましょう。

成功につながる体制作り

　プロジェクトを成功に導く社内体制としては、経営陣のトップダウンと現場のボトムアップの両面で明確な目標があり、社内で一つの目標に邁進できることが重要です。経営陣や管理職などの意思決定者は、ChatGPTに対する理解を深めてプロジェクトチームを支援します。社内情報システム部門と外注先の開発者は、プロジェクトチームと情報共有しながら既存システムにおいて、どのように安全かつ効率的に ChatGPT を実装するかなど、技術的な解決策を探ります。利用者においては、業務における課題や知見をプロジェクトチームと共有しながら、ChatGPT の適切な活用法を探ります。

　こうして社内の各関係者が一つとなり、意見や情報を共有し、随時社内を動かしながらプロジェクトを進めます。このような社内における意思決定者、開発者、利用者における一体化が成功に繋がります。

成功につながる体制作り

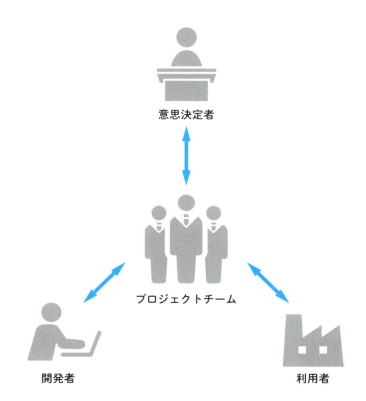

ガイドラインの制定

　プロジェクトチームの立ち上げ後、ガイドラインの制定に進みます。ガイドラインはChatGPTの利用に関する基本的なルールです。

　プロジェクトの初期段階でガイドラインを作る理由は、ChatGPTに対する認知度と認識の低さにあります。まだまだChatGPTを知らない人も多く、社内には間違った回答や情報漏洩などの危険性や、ChatGPTによる効率化がリストラにつながるなど、否定的なイメージを持つ人もいるでしょう。ChatGPTを積極的に利用したい人にとっても、ルールを作らなければ予期せぬ問題が発生します。そのため最初にガイドラインを制定しておき、「ChatGPTとは何か？」「なぜ導入するのか？」「正しく利用する方法」「懸念やリスクに対する安全策」などを周知しましょう。

　先にガイドラインを決めて周知することには、後々になって「自分は聞いていない」という反対意見を防ぐ目的もあります。また、社外の取引先や顧客に対しても、ガイドラインによってChatGPTを適切に利用する点をアピールすれば、安心感が得られるでしょう。導入後もガイドラインに「迷ったらどうするか？」「問題が起きたらどうすべきか？」という施策があれば、利用者を保護してくれます。

　既に社内システムの利用などでガイドラインが規定されている場合もありますが、ChatGPTは想定されていません。個別のガイドライン制定を検討しましょう。

▶ 基本的な検討事項

　ガイドラインでは、ChatGPTを利用する範囲、利用上の注意、禁止事項、問題発生時の対応などを決めます。各企業における目的や状況に応じて、想定されるリスクを洗い出し、適切なガイドラインを制定しましょう。ガイドライン制定において、調査や検討が必要な点を紹介します。

〈ガイドラインにおける検討事項〉
・間違いへの対応
・情報漏洩対策
・障害発生時の対応
・責任の所在
・費用について
・自作ツールの蔓延
・個人情報の定義
・著作権の侵害と保護
・利用規約
・提供場所と外国法
・不正競争防止法
・薬機法
・商標法及び消費者保護法
・業規制への抵触
・ChatGPT の商標について
・著作物の学習
・倫理と感情
・信用や名誉の毀損
・ディープフェイク
・ChatGPT の利用の虚偽

・間違いへの対応
　ChatGPT に対する懸念の一つとして、正しいように見える間違った回答（ハルシネーション）が挙げられます。一般的に ChatGPT を含めた AI に対するイメージは「賢い」「正確」という側面があるので、「間違えるのが当たり前」「間違ったことを正しいように答える」という欠点に戸惑う人もいるでしょう。そこで事前に間違える可能性があることを伝えて、「人間による判断が必要」「間違っても影響が出にくい範囲で使う」などの対策を周知します。

また、わからないことを ChatGPT に質問した場合は、回答を鵜呑みにしないよう周知しましょう。人間も間違えますが、ChatGPT による間違いとは性質が異なります。間違いは ChatGPT に対する大きな懸念なので、入念に対策を決めておきましょう。

・情報漏洩対策

　機密情報や個人情報は外部持ち出しが禁止されていますが、人為的な操作間違いなどは回避できません。そこで入力履歴を監視しつつ、外部に漏洩しない仕組みが必要です。

　ChatGPT に入力された内容はインターネットを介して、OpenAI 社のデータベースに保管されます。そのため第三者と秘密保持契約（NDA）を締結した情報を ChatGPT に送信すると、漏洩扱いになる恐れがあります。これは、送信された情報を学習して第三者に学習結果が提供されるという構造上、情報が保管された時点で機密性がなくなるためです。事例として韓国のサムスン電子では、プログラムの最適化を目的に ChatGPT へ機密情報を送信して漏洩した事件があります。

・障害発生時の対応

　予期せぬ障害が起こった場合の対処として、相談窓口や対応する担当者などをまとめたマニュアルを準備します。問題発生時の状況を即座に共有することで、原因調査や再発防止策に繋がります。

　なお、障害発生時に過度な追及や犯人の晒し上げは避けましょう。叱責されることを恐れて問題を隠蔽したり、萎縮して ChatGPT の利用を止めるなどの悪影響が予想されます。速やかに相談できる体制を作りましょう。

・責任の所在

　障害発生時において、どの部門や担当者が責任を持って対応するのか決めておきます。これは後になって責任の押し付け合いや犯人捜しへ発展するのを避けるためです。

　そもそも ChatGPT に起因する問題は、ChatGPT、学習されたデータ、質問や指示の内容、人間の確認漏れ、利用後の対応など複数にまたがるの

で、責任の明確化は難しくなります。そこで導入前に対策しておき、責任の所在で過度な不安を抱えないようにしましょう。

・費用について

ChatGPT は通信量と利用するサービスを基準とした従量課金制です。必要に応じて契約プランを見直したり、利用において一定の制限を設けることも考慮しましょう。

・自作ツールの蔓延

ChatGPT では Excel のマクロやプログラムを容易に作成できます。こうした自作ツールは、社内情報システム部門が把握できず、予期せぬ問題に発展します。事前申告制にするなど、未許可のツールが蔓延しないよう注意しましょう。これは専用の ChatGPT を個別に作成できる「GPTs」においても同様です。

❯ 法律に関係する検討事項

ガイドライン制定において、法令遵守が求められます。下記より法律に関係する課題を紹介します。こちらについても、検討を進めましょう。

・個人情報の定義

一般的な個人情報としては名前、住所、連絡先など、特定の個人を識別できる情報を指します。また要配慮個人情報として、犯罪歴、人種、病歴、信条（宗教など）、社会的身分などの収集には事前同意が必要とされています。

・著作権の侵害と保護

ChatGPT で生成された成果物が既存の著作物（文章・絵・写真など）に酷似している場合、そのまま利用すると権利侵害となる恐れがあります。また、既存の著作物をそのまま ChatGPT に入力して規程の範囲を超えた利用に及ぶと、「複製」として複製権侵害の恐れがあります。これは改変や要約でも同様です。知らぬ間に加害者側となる場合があります。

対して被害者となる場合ですが、人間が思想や感情を創作的に表現した作品は著作権で保護されますが、ChatGPTによる生成物は原則として著作権が認められません。そのため第三者が無断利用しても、著作権侵害を主張するのは難しいでしょう。ChatGPTを含めてAIによる生成物と法律については裁判の判例も少ないため、今後の法整備や判例法理の形成が望まれています。また、OpenAI社は著作権シールド（Copyright Shield）機能によって、顧客が著作権侵害で提訴された場合に介入して保護する支援を発表しています。

・利用規約

ChatGPTを元にしたサービスを第三者向けに提供する場合は、利用規約を作成します。規約上に記載された内容に利用者が同意すれば問題は回避できますが、実際には規約を読む利用者は非常に少なく、後々になって、問題を指摘される場合もあります。

・提供場所と外国法

個人情報の入力が外国（ChatGPTの場合はアメリカ）にある第三者への提供とみなされる場合は、移転先となる外国の名称、移転先の国における個人情報保護制度に関する情報などを、利用者本人に提供して同意を得る必要があります。

また、外国でサービスを展開する場合、提供先の法律にも準拠します。例としてヨーロッパでChatGPTを利用したサービスを展開する場合は、現地の個人情報保護法である「GDPR：EU一般データ保護規則」が適用されます。GDPRが適用されるのは「個人情報を収集もしくは使用する組織」「データの対象である個人」が、EU域内に拠点を置く場合です。また、EU居住者の個人データを収集・処理する組織は、活動拠点がEU域外でもGDPRが適用されます。

・不正競争防止法

社内の機密情報などの営業秘密をChatGPTに入力すると、不正競争防止法に抵触する可能性があります。ChatGPTに入力されたデータは

OpenAI社のデータベースに保管されるので、機密情報が外部に漏洩したとみなされる可能性があるためです。また、従業員が機密情報をChatGPTにより外部へ漏洩させると、背任など雇用契約上の問題に発展する場合もあります。このような問題を防ぐため、導入前の設計段階で入力されたデータを社外に出さないようにします。

・薬機法

医薬品、医療機器、健康食品、化粧品は、薬機法によって広告の宣伝文などに制限があります。「必ず治る」「強力」などの過大表現や、「がんが消えた」など医学的根拠がない文言は禁止されています。このような表現を利用しないよう、事前に確認を取りましょう。

・商標法及び消費者保護法

商品名を考える際に、既存の商品名などと酷似しないようにします。同様に景品表示法における優良誤認や、不実証広告規制に注意してください。

また、過度な期待を煽る「ChatGPTなら確実に○○できる」「ChatGPTがあれば○○は不要」などの誇大表現が見受けられます。これらは消費者保護法に加えて、OpenAIの規約に抵触する可能性があります。

・業規制への抵触

特定業務の遂行において、法律による規制や認可制度があります。資格を持たない人が下記の業務でChatGPTを利用すると、法律に抵触する場合があります。

就転職者の紹介及び求人　→　職業安定法
土地や建物など不動産取引　→　宅地建物取引業法
旅行の予約や手配　→　旅行業法
金融商品の提供及び投資や資産運用の助言　→　金融商品取引法・金融サービス提供法
税金における書類作成や助言　→　税理士法

契約書や係争における法律的な助言　→　弁護士法
健康に関する相談及び医療における診断　→　医師法

　ChatGPT の利用規約でも、専門的な知識が必要な場面で ChatGPT の回答のみを根拠とすることは禁止されています。このような特定業務においては、必ず有資格者による監督下で使用してください。

・ChatGPT の商標について
　ChatGPT を利用した製品やサービスを自社で展開する場合に、「○○ GPT」という名称の利用は規約で禁止されています。この場合は「Powered by GPT-4」または「Powered by ChatGPT API」などと表記します。

・著作物の学習
　第三者による著作物を学習することは合法です。しかし、学習後に生成された作品が明らかに模倣となる場合は、著作権侵害につながります。一方で作風が近い程度では侵害に当たらない場合もあり、判断が分かれます。また、模倣などを目的として学習させたデータに権利元の著作物が含まれていると違法になります。しかしながら確認漏れがあったり、偶然似てしまう事例もあるため、注意が必要です。

⊙ その他の検討事項
　下記は ChatGPT の進化と普及によって懸念される、新たな社会問題です。適切な利用について、ガイドラインで明文化しましょう。

・倫理と感情
　ChatGPT における成果物において、倫理や感情による問題があります。差別や犯罪など倫理に反する目的で ChatGPT を使用すると警告がありますが、完全には対処できません。また、ChatGPT を含む AI による著作物（イラストなど）の生成に対して、「クリエイターが苦労して作った作品を、他人が勝手に盗用した」などの感情から反発する人もいます。合法であっても、SNS などの指摘をきっかけとして騒動やイメージ悪化につ

ながる懸念があります。

・信用や名誉の毀損

　ChatGPT による間違った回答を、人間がそのまま使用した場合に問題が起こります。例として誤情報によって特定人物における架空の犯罪歴を学習した結果、ChatGPT は間違った犯罪歴をそのまま回答する可能性があります。これを誤情報と気付かずに広めた場合は、名誉毀損となる場合があります。

・ディープフェイク

　AI によって意図的な悪意を持って生成されたものを「ディープフェイク」と呼びます。例として事実と異なるニュースを捏造したり、著名人による架空の発言の作成が挙げられます。さらに嫌がらせや脅迫、信用失墜を目的とした悪用も懸念されています。

・ChatGPT の利用の虚偽

　ChatGPT による生成物を、人間によって作られたものとするのは利用規約で禁止されています。

❯ ガイドラインにおける注意事項

　本書で挙げたガイドラインの検討及び策定における解説は、あくまで参考です。必ず法務部や弁護士や弁理士などの専門家を交えて、検討してください。ChatGPT を含めたサービス提供元の利用規約は、変更される場合があるため、常に最新情報を把握します。また、最初から完璧なガイドラインは作成できません。運用しながら見直しても良いでしょう。

　そして、一般的な法律や倫理のみならず、特定の人種、宗教、文化、歴史などに起因した問題を招かないように配慮しましょう。ChatGPT を導入して利用状況の確認を怠ると、常識やマナーから逸脱した問題に気づかないまま外部に発表してしまう懸念があります。今後、誰でも簡単にイラストや画像や動画や音声を生成できるようになれば、さらなる問題が発生

することも懸念されています。

企業として社会規範を遵守しながら、ChatGPTを含めたAIの利用における原理原則を明確にしておき、必要な場面で説明できることが重要です。

なお、ChatGPTの利用を一律で禁止している組織においても、注意が必要です。従業員が持ち込んだ私物のスマートフォンでアプリを利用する場合もあります。しかも会社で管理していない機器から利用するため、情報漏洩などの問題を把握できません。見えないChatGPTの利用を見逃さないようにしてください。

ガイドラインの雛型

ChatGPTのガイドラインについては、業界団体や弁護士事務所より雛型が提供されています。また、総務省からChatGPTを含めたAIの利用と提供に関わる事業者が守るべき事項を記した「AI事業者ガイドライン」が策定されました。これらも参考にしてください。

生成AIの利用ガイドライン
（日本ディープラーニング協会）
https://www.jdla.org/document/#ai-guideline

生成AIの利用ガイドライン作成のための手引き（STORIA法律事務所）
https://storialaw.jp/blog/9414

AI事業者ガイドライン（総務省）
https://www.soumu.go.jp/main_sosiki/kenkyu/ai_network/02ryutsu20_04000019.html

データ基盤の整備

「データ基盤」とは、社内で保有する様々な情報を保管するデータベースを指します。データは企業活動において必要不可欠ですが、費用対効果がわかりにくいなどの理由でデータ基盤に対する重要性は見落とされがちです。

概して、データ基盤には様々な問題が散見されます。組織の縦割り構造における弊害から、部門やグループ会社や海外支社や買収先などで異なる形で管理される現状があります。そのため必要なデータを揃えるのに手間がかかる、表記の不統一などで信頼性が欠ける、データの扱いが過度に厳重になるなどの問題が起きます。

さらに技術的な問題だけでなく、データの収集や活用における社内の派閥争いも関わります。この問題を解消しなければ、社内のデータを効率的に学習させるなど ChatGPT の有効活用ができません。

データ基盤は ChatGPT の活用に必要な素材です。導入活用を進める前に、整備を進めておきましょう。

ChatGPT の一般的な利用だけなら、元々 ChatGPT が学習しているデー

データの縦割りとサイロ化

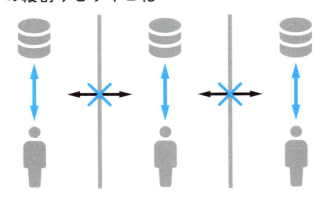

タだけで十分です。しかし、自社の特定業務にも回答できる ChatGPT が必要な場合は、新たにデータを学習させる必要があります。自社のデータを ChatGPT に追加で学習させる場合、データの質と量が必要なので、データ基盤を整備する重要性が高まります。学習に必要なデータは多岐にわたるため、作業を効率化させる目的もあります。そこで ChatGPT 導入を先行させて、データ基盤を整備するエンジニアの業務を ChatGPT に支援させることで生産性を向上させても良いでしょう。また、エンジニア以外のデータ分析未経験者にとっても、データの取得や分析を支援してくれる ChatGPT は心強いでしょう。

データの可視化につなげる

データ基盤を整備する目的の一つとして、データの可視化があります。ChatGPT 導入活用における「課題設定」では、どの業務が適しているかを判断するために根拠となるデータが必要です。そこでデータを正しく簡単に取得できるようにデータ基盤を整備しておきましょう。また、課題設定のために大量のデータをグラフやレポートにまとめて可視化して、判断できるようにしておきます。この可視化を行わないと、適切な業務にChatGPT を導入できません。さらに導入後の効果測定においても、前後のデータがなければ成果を判別できませんし、可視化されなければ判断できません。

このようにデータを整備して可視化することで、初めてわかることがあります。ChatGPT を導入する前に、社内のデータ基盤を整備して可視化しておくことは重要です。

データ基盤を整備する目的

会社内で利用されるデータには、様々な種類があります。たとえば、顧客や商品など社内で管理するデータ、社外で管理されているため必要に応じて取得する外部データが挙げられます。あるいは画像や動画や音声などデータの形式によって分類する場合もあります。

ChatGPT を導入する上ではこのように社内外で管理するデータを用途ごとに組み合わせるなど、様々な形でデータを収集していくことになるの

ですが、こうした大量のデータを一元化して保管する仕組みが必要です。こうした体制づくりが、データ基盤を整備する目的です。

また、データ基盤の整備には、社内でデータ化されていない知見を見つけて登録するという目的もあります。たとえば手書きの報告書、担当者の記憶にしかないもの、経験に依存するもの、画像や音声や動画で保管するデータなどです。どのデータがどこにあるかわからなければ、データとして登録されていない知見を把握できません。

データ基盤の整備の理想は、社内の様々なデータを必要に応じて従業員が取得して、活用や分析ができる環境です。様々なデータを集めて活用することで、意思決定の改善、顧客の理解、製品やサービスの創出、業務効率化、利益の創出などにつながります。

理想のデータ基盤と利用者の関係

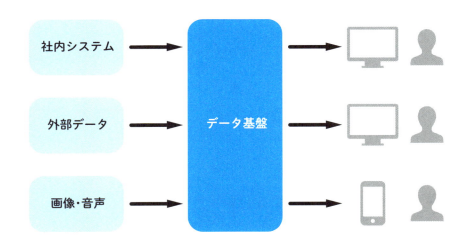

社内外に点在するデータは用途に応じて選別しながら、不備を修正して品質を向上させて、利用する現場に届ける必要があります。特にデータの品質向上が重要で、元になるデータが間違っていると精度が低くなり業務で利用できません。データ基盤は技術的な課題だけでなく、利用における

ルールづくりなど運用面も含めて整備しましょう。

　データ基盤における最適な環境は、状況によって異なります。自前でハードやソフトを管理するオンプレミス、外部のデータセンターで専門業者に委託するクラウドサービスに加えて、様々な製品やツールがあります。一概にどれが良いとは言えませんが、「オンプレミスだから安全」「クラウドだから安い」のような安易な選定は避けましょう。データ基盤は簡単に変更できないため、慎重に検討してください。

▶ 自社のデータを学習させる目的

　自社のデータを学習させる目的は2つあります。1点目として、ノウハウの継承が挙げられます。まだまだ多くの企業で終身雇用と年功序列で同じ人材が長期間働く組織体制が残っており、知見やノウハウが人に依存しがちです。そのため属人化が進み、業務の進め方が明文化されず、社内システムは個別の組織や部門に合わせて独自に改修されて、データが社内でも連携できない状況を生み出しています。結果として価値の高い技術やノウハウが継承されず、データとしても残らず、どこにあるかもわからずに消えてしまう悪循環に陥ります。これから定年退職を控える50代半ばのバブル世代は社内で多数派ですが、後を引き継ぐ40代半ばの氷河期世代は少数です。そのため、世代交代を通じて伝えられてきた属人化されたノウハウや知見を伝えきれず、失われてしまう危険があります。そのため独自の知見やノウハウをデータとして保存しながら、ChatGPT に学習させてノウハウを継承することが期待されています。しかし独自のデータや規則、準備における手続きなども必要なので、ChatGPT で再現させるには膨大な準備が必要です。

　2点目として、情報管理の簡素化が挙げられます。会社には、営業、技術、研究開発、人事、広報、知財特許、法務など様々な情報がありますが、実際に把握するのは大変です。そこで社内情報を簡単に確認できるようにすれば、容易に知見やノウハウを把握して業務改善や新規事業などにつなげられるでしょう。こうしたインターネットやデータベースで保管されていない情報の活用において、ChatGPT を組み合わせることで新たな発展を期待できます。既にこうした要望を実現する技術も登場しています。

🔵 RAG とファインチューニング

　自社のデータを ChatGPT に学習させる目的を紹介しましたが、そもそも ChatGPT は日本の産業に関する法律や規制に加えて、個別企業の社内規則や手順書といった業務知識（ドメイン知識）を把握していません。そのため、初期状態ではこのような質問に対しては精度が下がったり、間違った回答をする可能性が高くなります。一方で、ChatGPT を利用して従業員や顧客などからの質問に答える用途は、高い需要があります。そこで「RAG（ラグ）」と「ファインチューニング（微調整）」によって、新たにデータを学習させたり、精度を向上させることで、適切な回答ができるようにします。なお、本書は RAG とファインチューニングについて、簡単な説明に留めております。詳細は技術書などを参照ください。

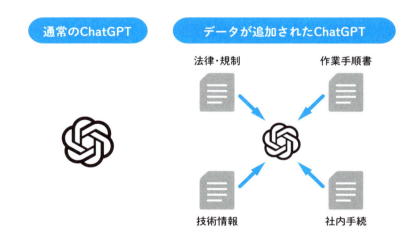

・RAG の仕組み

　RAG（Retrieval Augmented Generation）は「検索拡張生成」と訳されます。これは ChatGPT が知らない情報を追加して検索できるようにして、質問に対する回答の精度を向上させる手法です。例として社内規則を学習させると、有給休暇の申請方法を教えてくれるイメージです。あくまで新たな情報が追加されるだけで、ChatGPT に改めて学習を行って賢くする

処理（追加学習）は行いません。

・ファインチューニングの仕組み

　ファインチューニングは、ChatGPTに対して新たな情報を追加して、改めて学習を行って（追加学習）回答の精度を向上させる手法です。

　なお、学習に必要なデータはRAGよりも多くなります。情報だけ追加するRAGとは異なり、ChatGPT自体にも新たな学習を行って、内部で行う処理を微調整します。

RAGとファインチューニングの比較

	RAG	ファインチューニング
追加学習	しない	する
学習に必要なデータ量	少ない	多い

　このようにChatGPTに新たな情報を追加して、業務で利用できる精度まで向上させるには、相応の手間や技術力が必要です。さらに追加で学習させるために一定以上のデータも準備しなければいけません。

　利便性だけを見て安易に取り組む前に、技術検証を行って実現性を調べておきましょう。RAGとファインチューニングに苦慮する企業も多く、「社内の様々なデータを学習したChatGPTによる業務支援」という目標に及ばない場合もあります。話題性に左右されず、問い合わせ対応の改善や社内向けデータベースという成果に対して妥当な手間と費用に収まるかなど、新たな情報の追加は慎重に検討しましょう。

〉 データ基盤の整備は長期的な取り組み

　データ基盤の整備は一朝一夕では終わりません。長年にわたって放置されて複雑化した問題であり、長期的に取り組む課題となります。ChatGPT導入をきっかけとして、並行しながら整備を進める想定です。なお、本書におけるデータ基盤の解説は概要となります。詳細は技術書を参照ください。

課題設定

　ガイドラインの制定やデータ基盤の整備と並行して、社内でChatGPTをどのように活用するか見極めます。これが課題設定です。

　最初から会社全体の業務において、どこでChatGPTを利用するべきかを決めるのは大変です。まずは3段階の手順に沿って、自社の課題を探ってみましょう。

❯ 課題設定の3段階

・第1段階　他社事例の参考

　既に大手企業や官公庁など多数の導入事例が公開されています。そこで同業他社や目的に近い活用事例を、自社の参考にしてみましょう。他社で成功して実績があると安心感にもつながります。ただし導入に際しては、単純な模倣ではなく、自社の状況に合わせた調整が必要です。

・第2段階　社内コンペの開催

　次に社内から「ChatGPTでこんな事がやりたい」「こんな事はできるのか？」という要望を集めましょう。関心がある担当者や部門などに相談したり、プロジェクトチームから活用法を提案するなど、双方向から意見を出し合います。あるいは報酬を出してアイデアを集めたり、社内イベントを開催して議論するなど、様々な形で意見を募っても良いでしょう。

・第3段階　業務の棚卸し

　最後に業務全体で実際に行われる作業を洗い出しながら、ChatGPTが活用できる場面を探します。このとき、個人や部門ごとの業務のみならず、複数の部門や拠点間、取引先を含めた業務において、ChatGPTの活用法を見つけましょう。

これまでの段階では局所的な改善に留まりますが、業務の棚卸しまで広がれば、より大きな成果が期待されます。ただし業務において大幅な変更を伴う場合は、社内政治などの負担も大きくなるので注意しましょう。

◉ 課題設定における基本方針

課題設定の方向性として、下記のような考え方に当てはめると良いでしょう。

・「ChatGPT でやりたいこと」より「ChatGPT ができること」

「業務改善でやりたいこと」と「ChatGPT ができること」に合致する課題に取り組みましょう。第3章で解説したように、ChatGPT にできることは6つの「系統」です。社内から要望があっても解決したい課題にどの系統も当てはまらない場合は、他の方法を検討しましょう。

・人間の「代替」ではなく「支援」

人間が行う業務を ChatGPT で完全に代替するのは、現実的ではありません。人間の作業を支援したり、人間が確認できる業務において、ChatGPT を使いましょう。

・付加価値の高い業務を優先

投資に対して利益を出しやすい業務や、改善によって大きな効果が見込める業務に優先して利用しましょう。

エンジニアやコンサルタントのような人件費が高く代替が利きにくい職種では、生産性を向上させることによって高い付加価値を出せます。

・業務の進め方やデータが整備されているか

既に業務の進め方が明確になっている作業は、どこで ChatGPT を使うべきかが判断しやすくなります。また、データ基盤を整備して数値を可視化すれば、ChatGPT を使って成果を出しやすい業務が把握しやすくなります。

・試行錯誤と早さが必要な業務で適用

ネット広告や SNS 運用のように、多くのアイデアを試しながら短いサイクルで改善を繰り返す業務においては、ChatGPT が有効です。立案から実行において人間が行う手間を短縮しましょう。

・ChatGPT 以外の方法を考える

挙げられた課題に対して、すべて ChatGPT で解決しようと考えるのは早計です。ChatGPT 以外の方法で解決できる場合は、そちらの方が有利であることが多いです。一定の時間や費用がかかり、完全な精度が出せない点を考慮しても、ChatGPT で解決すべき問題は限られます。他の IT ツールを利用したり、業務の進め方を変える方法も考慮しましょう。

❯ 期待値調整を並行して行う

課題設定において、社内の関係者における期待値調整も行ってください。課題に対する高い成果や精度を要求される場合は、注意が必要です。そもそも ChatGPT において、「必ず正しい」「精度100％」は有り得ません。曖昧な点に対する判断や回答が前提なので、最初は人間が確認できる業務や間違えても影響が少ない範囲で試しましょう。また、ChatGPT に対して過大な期待がある場合は、事前に想定より低い成果になることを伝えるなど、認識合わせをするべきです。

ChatGPT を使うべき勘所は、その会社で働く人間でないとわかりません。外注先の IT 企業やコンサルタントが自社の業務を理解するには、限界もあります。課題設定という目標は自分達で決めましょう。

社内政治

　課題設定が決まれば、導入活用プロジェクトの正式な開始を社内全体に向けて発表します。この段階で、良くも悪くも反響があります。そこで社内における意見をまとめながら、利害調整を行う社内政治が重要になります。

　ChatGPTに対する反応は様々で「ぜひ使いたい」という賛成派から、「どうせ役に立たない」などの反対派に加えて、そもそも興味がない無関心派も多数です。こうした社内の空気感を把握して事前に対処しないと、失敗する要因となります。チームの立ち上げ時に経営陣の後ろ盾を得ても、社内の空気を醸成する数の力には対抗できません。

　そこで社内の意見を汲み取りつつ、賛成、反対、無関心の派閥における利害調整を進めましょう。このような立ち回りは組織の大小にかかわらず、重要な業務です。それぞれの派閥ごとに、どう対処すべきかを考えてみま

ChatGPT導入に対する反応は様々

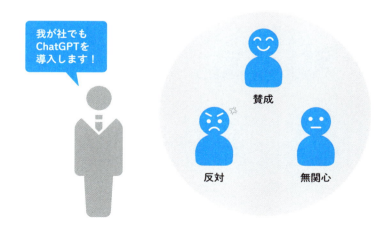

しょう。

賛成派への対策

賛成派は一見すると好意的でありがたい存在ですが、ChatGPT を含めた最新の IT ツールに対して「なんでもできる魔法の杖」のような過大評価を抱きがちです。過去の DX（デジタルトランスフォーメーション）、第三次 AI ブーム、データサイエンティスト、ビッグデータといった一過性の流行に影響された人が該当します。これらを導入して期待外れに終わっても、しばらくすると忘れるので同じ失敗を繰り返します。また、良くも悪くも関心が高いので多くの要望を出すため、意見をまとめるのに苦慮する場面があります。

対策としては、高くなりがちな期待値を下げて、現実を説明しましょう。業務改善は一部に留まりますし、自社向けに使い勝手を良くするには費用と時間が必要で、使いこなすには教育が必要だと明示するのです。さらに期待する成果に対してどの程度実現できるか、どんな準備が必要か、成功と判定する条件なども明らかにします。事前に現実的な成果を示すことで、導入後の高すぎる期待からの落胆を防ぎます。

反対派への対策

反対派は ChatGPT に限らず最新の IT ツールに対して否定的な意見を持ちやすく、「役に立たない」「不要」と反発しがちです。特に ChatGPT に対しては「人間の仕事を奪う」「リストラにつながる」などの悪い印象を抱く人もいます。さらに過去に実施された IT ツール導入における失敗や不満から、反対する人もいるでしょう。また、セキュリティや間違いに対する不安が大きく、情報漏洩やコンプライアンス違反などを過度に危険視する傾向があります。

対策としては、不安や懸念に対する誤解を解くことが重要です。事前のガイドライン作成において、反対派に対する説得も考慮しましょう。さらにセキュリティや情報漏洩対策の解説は難しい表現や単語を控えるなど、IT に詳しくない方でもわかりやすい説明を心がけます。

また、ChatGPT 導入はリストラや配置転換への布石ではなく、従業員

の支援や労働環境の改善が目的である点も強調します。特に労働組合が絡む場合は、慎重に対応してください。純粋に作業時間の削減や効率化を進める場合でも、何らかの事情で反発される可能性があります。さらに人数と団結力と歴史があると、抵抗もより大きくなるので注意しましょう。

❯ 無関心派への対策

　無関心派は ChatGPT に限らず IT ツールに対して関心が低いため、最初は賛成か反対かわかりません。後にどちらかに転ずることもあれば、ずっと無関心という場合もあります。会社によっては賛成派と反対派の合計よりも、無関心派が多いでしょう。また、ある程度プロジェクトが進んでから「作業のやり方が変わるのは嫌」「新しいツールを覚えるのが手間」と変化を嫌う層もいます。こうした存在は障害となる可能性もあるので、社内で影響力が強い無関心派の人には事前に ChatGPT に対する意見を直接聞いておきましょう。

　対策としては、少しでも興味を持ってもらうことです。「残業が減る」「大変な作業が楽になる」「特定の人しかできない作業を任せられる」など、利点を強調しても良いでしょう。また、興味関心を持ってもらうことは、導入後の利用率を高める事前準備としても有効です。導入後に利用人数が少ないと、「誰も使っていないから失敗したのでは？」という空気が出てきます。それを防ぐために事前に関心を持つ層を増やしておき、周囲の誰もが使いたくなる状況に持っていきましょう。

　このように賛成派、反対派、無関心派それぞれに対処が必要です。社内の派閥においてどのような反応でも放っておくと後々問題になるので、事前に対処しましょう。

スケジュールと費用

ChatGPT の開発を行う前に、経営陣からスケジュールと予算について了承を取る準備を進めます。

ChatGPT 導入にかかるスケジュールと費用は様々な要素が絡みます。ここでは一般的な状況を想定して、導入に必要な見積もりを紹介します。あくまでモデルケースであり、社内の状況、目標とする課題設定、プロジェクトチームの体制、外注先への依頼、利用規模などによって変動するので注意してください。また、スケジュールと見積もりを含めたシステム開発におけるプロジェクト管理は、技術書などを参照ください。

❯ 作業スケジュールの見積もり

実際に ChatGPT を導入するために、開発を行う前に、一連の作業に必要な時間や労力を見積もります。開発作業の流れとしては、目的や要求を決める「要件定義」、どんな仕組みで動作するかをまとめる「設計」、プログラミングによる「実装」、動作確認や不具合を修正する「テスト」を経て、実際に利用を開始する「運用」となります。

開発と実装における作業の流れ

要件定義 ▶ 設計 ▶ 実装 ▶ テスト ▶ 運用

一連の作業において、社内に人材やノウハウが蓄積されているかによって、スケジュールは変動します。クラウド（Microsoft Azure）の開発経験があるエンジニアやノウハウを擁しており、意思決定が迅速な組織なら数ヶ月で導入した事例もあります。しかし事前準備や人材確保が必要なので、一般的にはより長期間を必要とするでしょう。

　さらに企業での利用においては外部への情報漏洩などを防ぐセキュリティが重要視されるため、エンジニアによる設計だけでなく、他部門との利害調整や了承を得るための時間もかかるでしょう。また、操作画面や追加機能を作り込んだり、独自にデータを学習させる場合も、作業が長期化する要因となります。

　まだ ChatGPT の導入活用やデータの学習におけるノウハウは発展途上であり、目的や状況によっても必要となる時間は異なります。スケジュールが変動する可能性が高い点も考慮しましょう。

❯ 費用の見積もり

　ChatGPT にかかる費用として、開発元である OpenAI 社の「OpenAI API」または日本マイクロソフト社の「Azure OpenAI Service」に支払う利用料があります。利用料は使用するモデル（機能）とトークン数（通信量）によって算出されます。支払いは月単位となります。

　モデルは、ChatGPT における処理機能です。標準的な「GPT-3.5」と高性能な「GPT-4」から選択します。GPT-4は利用料が高いので、用途に応じて必要性を検討しましょう。「コンテキスト（トークン数）」は一度に処理できる情報量で、数字が大きいほど大量のデータを処理できます。「トークン」は、ChatGPT におけるデータの入力と回答の出力における通信量を示す独自の単位です。トークン数は計算ツールの「Tokenizer（https://platform.openai.com/tokenizer）」で算出できます。

OpenAI API及びAzureの料金表

	モデル	コンテキスト	プロンプトの入力	回答の出力
OpenAI API	GPT-3.5 Turbo	16K	¥0.08	¥0.24
	GPT-3.5 Turbo	4K	¥0.24	¥0.32
	GPT-4	8K	¥4.74	¥9.48
	GPT-4	32K	¥9.48	¥18.96
	GPT-4 Turbo	128K	¥1.58	¥4.74
	GPT-4o	128K	¥0.79	¥2.37
Azure	GPT-3.5 Turbo	4K	¥0.2363	¥0.3151
	GPT-3.5 Turbo	16K	¥0.4726	¥0.6301
	GPT-4	8K	¥4.726	¥9.451
	GPT-4	32K	¥9.451	¥18.901
	GPT-4 Turbo	128K	¥1.576	¥4.726
	GPT-4o	128K	¥0.7876	¥2.3626

※プロンプトの入出力は1,000トークンあたりの料金に換算しています。
※OpenAIの料金はドルを円換算しています(為替レートは1米ドル=158円)。
※Azureの料金は東日本リージョンにおける日本円となります(「GPT-4-Turbo」及び「GPT-4o」は米国西部リージョン)。

参考として2つの事例から、月額料金を計算しましょう。ここでは従業員の1万人が少しずつ利用する事例と、特定部門の500名が集中的に利用する事例を想定します。

見積もりの計算方法

パターン1:大規模利用の場合

・利用状況

利用者数:10,000人
1日の利用回数:5回
トークン数:1,000
月の稼働日:21日

・モデルによる金額の違い

GPT-3.5(16K):¥413,511
GPT-4-Turbo(128K):¥2,977,800
GPT-4o(128K):¥1,488,480

パターン2:集中利用の場合

・利用状況

利用者数:500人
1日の利用回数:30回
トークン数:2,000
月の稼働日:21日

・モデルによる金額の違い

GPT-3.5(16K):¥248,107
GPT-4-Turbo(128K):¥1,786,680
GPT-4o(128K):¥893,088

※「トークン数」は、入出力トークンの合計値です。
※トークンの割合は入力が6割、出力が4割と仮定します。

ここまでの見積もりは、ChatGPT の利用料という最低限必要な費用です。さらに導入においては要件定義におけるコンサルタントの稼働、設計と開発とテストにかかるエンジニアの人件費、導入後の監視やサポート対応などの費用がかかります。これは社内でも外注委託でも同様です。

　導入にかかる費用は、規模や進め方によって変動します。内製化で最適な形に調整した場合と、外注先に任せる場合では異なります。最適な金額について、落とし所を見つけましょう。

開発と実装

　ChatGPTを社内で利用できるようにする開発と実装について解説します。本書では簡略化した説明に留めており、詳細は技術書を参照ください。

　企業がChatGPTを導入する場合、ChatGPTの開発と提供元であるOpenAI社か、日本マイクロソフト社が提供するクラウドサービス（Microsoft Azure）と契約するのが一般的です。また、独自にChatGPTを提供する企業もあります。なお、基本的な機能はどのサービスも同等です。

❯ OpenAI社のサービス

　ChatGPTの開発元であるOpenAI社からは個人向けの「ChatGPT（無料版）」「ChatGPT Plus（有料版）」に加えて、小～中規模利用向けの「ChatGPT Team」があります。こちらは手軽に利用できるのが特徴です。加えて「OpenAI API」と大規模利用向けの「ChatGPT Enterprise」があります。

・ChatGPT（無料版）

　無料版では、利用履歴の監視やセキュリティ対策、学習を拒否するオプトアウトの管理が困難です。企業において、無料版をそのまま利用することは推奨できません。

・ChatGPT Plus（有料版）

　有料版は月額料金が1人20ドルで、支払いはクレジットカードのみです。社内利用における料金の管理に注意が必要です。また、オプトアウトやセキュリティに関する懸念も無料版と同様です。

・ChatGPT Team

　小〜中規模利用向けに「ChatGPT Team」が提供されています。利用人数は2名〜149名までです。月額料金が1人25ドルで年間契約が条件となり、支払いはクレジットカードのみです。学習を拒否するオプトアウトが標準となります。

	ChatGPT	ChatGPT Plus	ChatGPT Team
提供方法	Web	Web	Web
提供モデル	GPT-3.5／GPT-4o	GPT-3.5／GPT-4o／ GPT-4／DALL・E／GPTs	GPT-3.5／GPT-4o／ GPT-4／DALL・E／GPTs
データの学習	あり／学習拒否(オプトアウト)可	あり／学習拒否(オプトアウト)可	なし／標準で学習拒否(オプトアウト)
入力データの扱い	監視のため30日保管	監視のため30日保管	監視のため30日保管
接続方法	インターネット	インターネット	インターネット
認証	ID・パスワード	ID・パスワード	ID・パスワード
セキュリティ	OpenAIのセキュリティ ポリシーに準拠	OpenAIのセキュリティ ポリシーに準拠	OpenAIのセキュリティ ポリシーに準拠
提供場所(リージョン)	アメリカ	アメリカ	アメリカ
SLA※	なし	なし	なし
利用人数	1名〜	1名〜	2名〜149名
ワークスペース(GPTの作成・共有)	なし	なし	あり
ワークスペース管理コンソール	なし	なし	あり
料金	無料	20ドル(月額)	25ドル(月額／年間契約)
サポート	なし／コミュニティベース	なし／コミュニティベース	なし／コミュニティベース
準拠法	カリフォルニア州法	カリフォルニア州法	カリフォルニア州法

※Service Level Agreement：サービス品質保証

・OpenAI API

　API（Application Programming Interface）は、コンピュータから命令を送信して結果を取得する仕組みです。「OpenAI API」では、社内システムなどからChatGPTの機能を利用できます。送信内容はChatGPTの学習に利用されません。料金は従量課金制で、通信量に応じて支払います。また、日本企業向けに日本語に最適化されたAPIが提供予定です。こちらは日本語の翻訳や要約において、トークン数と処理速度が効率化されます。

・ChatGPT Enterprise

　大規模利用向けに「ChatGPT Enterprise」が提供されています。こちらは「OpenAI API」を元に、利用状況の管理機能などが追加されています。利用人数は150名以上からです。送信内容はChatGPTの学習に利用されません。

❯ 日本マイクロソフト社のサービス

クラウドの「Azure OpenAI Service」を提供しています。

・Azure OpenAI Service

OpenAI 社と同等の機能に加えて、新たに学習データを追加できる "On Your Data」などの独自機能、強固なセキュリティ対策、稼働率の保証があります。また、導入支援や問題発生時におけるサポート体制の充実や導入事例の多さという安心感から、社内から理解が得やすい点が強みです。

また、Customer Copyright Commitment という条項を宣言しています。これは Azure OpenAI Service も包含する Microsoft が提供する法人向け生成 AI で作成したデータを利用した顧客を、第三者の知的財産権侵害の主張から守る義務を Microsoft が負う宣言となります。詳細は Customer Copyright Commitment Required Mitigations をご確認ください。

https://learn.microsoft.com/en-us/legal/cognitive-services/openai/customer-copyright-commitment

	OpenAI API	OpenAI Enterprise	Azure OpenAI Service
提供方法	API	API	API
提供モデル	GPT-3.5／GPT-4／GPT-4o／Fine-tuning models／Embedding models／Image models／Audio models など	GPT-3.5／GPT-4／GPT-4o／Fine-tuning models／Embedding models／Image models／Audio models など	GPT-3.5／GPT-4／GPT-4o／コードインタプリター／ベースモデル／微調整モデル／画像モデル／音声モデル など
新機能の提供	即時	即時	一定期間後
追加機能	なし	管理コンソール／分析ダッシュボード	On Your Data（独自のデータを使用）など
データの学習	なし／標準で学習拒否（オプトアウト）	なし／標準で学習拒否（オプトアウト）	なし／標準で学習拒否（オプトアウト）
入力データの保管	監視のため30日保管	利用者が保管期限を設定可	監視のため最大30日保管
接続方法	インターネット	インターネット	インターネット／閉域接続
認証	API Key	API Key／SAML SSO	API Key／Microsoft Entra ID（旧：Azure Active Directory）
セキュリティ	OpenAI のセキュリティポリシーに準拠	SOC2準拠・保存及び転送中の暗号化・ドメイン検証	Azureのセキュリティ基準に準拠／APIキーによる認証とMicrosoft Entra ID認証に対応／Azure仮想ネットワークによる保護
プロンプトインジェクション対策	なし	なし	コンテンツフィルタリング／不正使用監視機能
提供場所（リージョン）	アメリカ	アメリカ	米国／日本（東日本）など選択可
SLA※	発行予定	発行予定	99.9%以上の稼働率を保証
利用手続き	即日利用可	即日利用可	即日利用可
支払い方法	クレジットカード	クレジットカード	Azureに準拠（請求書払い可）
サポート	なし／コミュニティベース	優先サポート	あり／複数の有償プランから選択
準拠法	カリフォルニア州法	カリフォルニア州法	日本国法

※Service Level Agreement：サービス品質保証

接続方法の違い

　OpenAI社が提供するサービスでは、入力した情報がインターネットを介してOpenAI社に送信されます。そのため悪意ある第三者が盗み見したり、個人情報や機密情報が漏洩する可能性があります。

　対してAzure OpenAI Serviceでは閉域接続（プライベートアクセス）を利用できます。閉域接続はインターネットから分離されて安全性を確保したネットワークなので、第三者から通信内容を守ることができます。

各社の独自サービス

　ChatGPTは、OpenAI社と日本マイクロソフト社以外からも提供されています。こちらはChatGPTに独自機能やセキュリティ対策が組み込まれたものもあります。また、日本の商習慣に合わせて請求書払いに対応したり、研修などの導入支援を提供しているものもあります。

　詳細は各社で異なるため、個別にご確認ください。ここでは代表的な2社の製品を紹介します。

・株式会社エクサウィザーズ「exaBase 生成AI」
安全対策：情報漏洩対策／データの学習拒否／データの外部送信なし／禁止ワード設定／利用履歴の管理／機密情報のブロック／利用料金の上限設定
機能の特徴：データ取り込み／プロンプトのテンプレート提供／独自データとGPTの推論技術により最適な利用者環境を実現

・株式会社ギブリー「法人GAI Powered by GPT-4」
安全対策：情報漏洩対策／データの学習拒否／データの外部送信なし／個人情報及び機密情報のマスキング／利用履歴の管理
機能の特徴：データ取り込み／プロンプトのテンプレート提供／各業務（営業・人事・ヘルプデスク・エンジニア・マーケター）に特化した個別ツールの提供

　なお、開発と実装における要件定義の取りまとめ、セキュリティを考慮

した設計、OpenAI API や Azure OpenAI Service の実装方法、テストや不具合における修正などは、開発者向けの内容となるため本書では割愛しています。これらは公式ドキュメントや技術書などを参照して、事前に十分な検証を行ってください。

▶ 契約について

開発を外注先に委託する場合、事前の契約締結において注意が必要です。

システム開発における契約では、完成品の納入を保証する「請負契約」と作業時間に応じて報酬を支払う「準委任契約」に分かれます。請負契約であれば完成しなければ報酬の支払い義務が発生しませんが、準委任契約では完成度にかかわらず作業時間で報酬を支払います。発注者と受託者の間で齟齬がないように注意しましょう。

特にデータを追加で学習させる RAG やファインチューニングを行う場合、精度が問題になります。実用に堪える精度や処理時間を確保することや、精度の基準について事前に契約で取り決めましょう。特に精度は ChatGPT を含めた AI において、「100％完全に正しい」という保証は不可能です。そのため実務に堪える精度について協議が必要です。また、提供するデータにおける個人情報や機密情報の扱いに留意するとともに、利用できる範囲などを明確にしておきます。

ChatGPT における RAG やファインチューニングを伴う開発は従来のシステム開発とは異なる部分も多く、既存の契約書を流用すると後々に問題となります。事前に法務部門や弁護士も交えて、契約書を見直しましょう。

社内への導入と展開

　開発と実装が完了すれば、社内でChatGPTが使える状態になります。正式に導入を進めて、社内で活用しましょう。目的や規模に合わせて展開しながら、広く周知して活用を促します。

　既に多くの企業でChatGPTが導入されており、成果を出している活用事例があります。

❯ 導入済み企業における活用事例

・旭鉄工

　生産ラインの稼働状況からデータや問題の見方を教えてくれたり、問題点を抽出してアドバイスする「AI製造部長」を活用しています。また、社長の著書に掲載されたDX（デジタルトランスフォーメーション）の考え方やノウハウを教えてくれる「AI_Kimura」があります。

・くふうカンパニー

　スーパーやドラッグストアのチラシから、利用者の近所にある店舗において特定商品の価格を知ることができる機能を開発しました。

・クレディセゾン

　全社員（約4,000人）を対象に、AIアシスタント「SAISON ASSIST」を自社開発しました。これにより文章の要約や企画アイデアの検討を推進しています。

・セガサミー

　社内情報を参照して回答する仕組みを独自開発し、各業務部門の要望に合致する環境を目指しています。また、ChatGPT導入において、社内情報システム部門だけではなく法務部門とも連携しました。

・世田谷区

職員用チャットツールから ChatGPT に質問できる「Hideki（ヒデキ）」を開発しました。非エンジニアの職員達により、3ケ月で完成させました。

・大和証券

全社員（約9,000人）が利用できる環境で、英語等での情報収集における支援、資料作成の外部委託費の削減、書類や企画書の文章作成、プログラミングの支援に活用しています。これらの時間を削減して、お客様と接する時間や企画立案など、本来取り組むべき業務時間を創出しています。

・東京電力エナジーパートナー

自由記述式のアンケートによる回答の把握や分類の作業が大きな負担でしたが、解析作業を完全に自動化しました。

・三菱 UFJ 銀行

稟議書のドラフト作成、決算書や資料における質問と回答、金融レポートの要約など、業務時間の削減に効果を発揮しています。

・Ubie（ユビー）

医療向けサービスにおいて、作成したコンテンツの確認、非エンジニアによるプログラミング支援、ギャル語によるわかりやすい説明、データ分析の支援など幅広く活用しています。

◆ 社内における展開

開発が終わって ChatGPT が使えるようになっても、それだけでプロジェクトの成功ではありません。「使える」を「使っている」に進めるために、様々な取り組みが必要です。

想定される課題と解決策について紹介します。

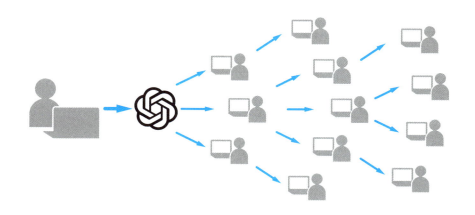

◉ 教育の重要性

　ChatGPTの利用促進に重要なのは、教育です。導入前後にかかわらず、継続的な教育によって利用者を増やし、業務に活用できる段階まで理解を引き上げる必要があります。

　まず運用前の研修において、ChatGPTの基本的な仕組みと使い方を周知します。本書における第1章と第2章の内容を参考にしてください。この段階では「基本的な使い方」「ネット検索との違い」「プロンプト」「ChatGPTが得意・苦手なこと」「間違いを確認すること」を中心に解説しましょう。また、既にチャットボットを導入している会社では、ChatGPTとの違いを明確にしましょう（名前が似ているので混同する人がいます）。

　教育を重要視する理由は、多くの従業員はChatGPTに対する関心や利用経験がなく、明確な文章で指示を出すことに慣れておらず、教育がなければ正しく使えないからです。さらに日常業務で忙しく、個別に指導するのも大変です。そこで短時間にグループで一斉に学ぶ形式が良いでしょう。さらにお互いに助け合いながら取り組めるので脱落者を減らせます。また、ChatGPTの教育は、様々な企業から個別学習と集合型研修、オンラインと対面講義、初心者からエンジニア向けまでが提供されています。目的や実績に応じて、最適なものを選びましょう。

　導入直後は、関心が高い少人数から使い始めます。元々興味がある人な

ので、問い合わせや相談が寄せられるでしょう。ここで社内から寄せられる質問と回答をまとめておき、後から続く人に向けて共有しておきます。例としては、仕事で役立つ使い方、プロンプトのコツやテンプレート、間違えやすい使い方などが挙げられます。また、ChatGPTにおける間違いや情報漏洩などを懸念して、利用を控える人もいます。懸念を払拭するために、機密情報や個人情報が漏洩しない仕組み、間違った回答があった場合の対応など、ガイドラインで制定した安全性を解説しましょう。さらに、意図せぬ操作による障害や、利用料金を気にする人もいます。このような不安要素は利用を萎縮させるため、気軽かつ自由に使える点も周知しましょう。慎重な利用者が多い場合は、ChatGPTの利用時に注意事項を画面に表示させるなど配慮すると良いでしょう。

導入済み企業における教育の事例

・イオン

レベル別（初級・中級・上級）の勉強会を定期的に開催しています。また、技術動向やグループ内外の事例の共有など、学ぶ機会を設けています。今後は教育を通じて、新規ビジネスの創出を目指しています。

・KDDI

人材育成を目的とした社内大学「KDDI DX University」のカリキュラムに、ChatGPT専門の研修を新設しました。

・ソフトバンク

ChatGPTにおける理解促進を目的として、基本的な知識が1時間程度で習得できる入門研修やオンライン学習講座を用意しています。

・パナソニック コネクト

ChatGPTを知らなくても使えるようにするため、職種などに関係なく有効な事例（15個）を用意しました。その中から気になるものを選び、回答が返ってくる仕組みになっています。

・ベイシアグループ（ワークマン・カインズなど）

アルバイト・パートを含む約3万人を擁する組織における理解度向上と、デジタル部門と業務部門の協業を推進する役割として、デジタルアカデミーが設置されました。活動として外部から講師を招聘して研修を実施したり、現場に合わせたテーマでワークショップを行っています。

・三井不動産

社内全体における ChatGPT 活用を推進するため、「使いこなせる人材」が「上手く使えない人材」に伴走しながら支援しています。また、導入当初はネット検索のような利用方法が多く、誤りなどの問題で利用者が減少したため、教育の重要性を認識しています。

🔵 利用促進に必要なこと

利用を促進させる方法として、経営陣など立場が上の人に ChatGPT を使ってもらいます。すると経営陣が管理職に対して ChatGPT の利用を勧めるので、管理職が使わざるをえない状況になります。さらに管理職から部下に広がり、社内全体における波及が期待できるでしょう。

あるいは、画面にキャラクターなどを表示して親しみやすくすると、利用のきっかけになります。無機質な画面にプロンプトを入力するのは抵抗感がありますが、キャラクターから質問を投げかければ利用者を誘導できます。さらにわかりやすく簡潔なプロンプトを紹介したり、回答に導く動線を選べるようにすると、IT が苦手な人にも使いやすくなります。

社外向けの導入活用アピールも、利用促進を期待できます。取引先などから ChatGPT について聞かれる機会が増えれば、自分の体裁を保つために使わざるをえません。

なお、導入後に利用者が増えると、質問や依頼への対応が追いつかなくなります。導入直後から徐々に事例を溜めておき、よくある質問や役立つプロンプトを社内掲示板にまとめるなど、利用者が学びやすい環境を整備してください。

普及における阻害要因として、ChatGPT によって仕事のやり方が変わ

ることへの反発があります。この場合は社内の業務改善専門チームを立ち上げるなど、業務全体を見直す立場から利用促進を周知しましょう。また、ChatGPT における生産性向上を示して、利用しないことへの危機感を醸成する方法もあります。

ChatGPT に懐疑的な人がいれば、利用における生産性向上の事例を紹介しましょう。議事録の作成、壁打ちの相手、文章作成、各種調査の代行、論文や報告書の要約、外国語の翻訳といった用途で成果を見込めます。さらに社内で業務改善事例を紹介しながら、生産性向上や残業時間の削減などメリットを示しましょう。

また、会社として ChatGPT による業務改善を進めたくとも、従業員にとってはメリットが見えないこともあります。従業員の立場からは、業務改善を実現したところで給料や休日が増える保証がありません。さらに業務改善の結果として別の仕事が増える可能性があれば、反対するのも頷けます。その場合、従業員に対する待遇改善など人事制度の見直しが必要です。社内表彰制度を作ったり、アイデアに報奨金を出したり、業務改善の成果で賞与を増額するなどが考えられます。

コミュニティによる支援

ChatGPT の利用を促進する方法としては、社内コミュニティが有効です。コミュニティは同じ目的を持った共同体であり、サークルや部活のような団体です。このようなコミュニティによる支援は ChatGPT を導入済み企業の多くで実績があります。特に普及における懸念や障壁に対する解決策として効果があります。

同じ会社の人同士で相談や情報共有できる環境を作ることは、ChatGPT の利用において心理的なハードルを下げられます。また、参加型のコンテストや体験会（「ハッカソン」とも呼ばれます）を開いても良いでしょう。個人のアイデアや要望を第2章で紹介した「GPTs」を体験しながら形にすると、ChatGPT の魅力を理解するきっかけにもなります。

さらにコミュニティの中心となる人材として「アンバサダー（宣伝大使）」や「エバンジェリスト（伝道師）」などの役割を任命すると、積極的な活動が期待できるでしょう。コミュニティは社内のみならず社外にも展

開できるので、他社との交流や意見交換に加えて、メディア露出による宣伝効果も期待できます。コミュニティ活動は解説書などもあるので、参考にしてみましょう。

❯ 導入済み企業における利用促進とコミュニティの事例

・イオン

利用促進策として、社内ポータルサイトに情報交換を目的とした掲示板を設置し、技術動向、便利なプロンプト、失敗事例を共有しています。実際に「掲示板で知ったプロンプトが業務に役立った」などの報告が複数寄せられています。

・くふうカンパニー

社内全体で横断的にワークショップを行ったり、毎週の定例会でChatGPTに関する取り組みを共有したり、50名以上が参加する合同勉強会を開催しています。

・サッポログループ

グループ各社で企画、管理系部門を中心とした約700名にChatGPTを提供しています。各部署に「活用推進リーダー」を置いて、65名ほどがプロンプト開発研修を受けています。

・セガサミー

「夏フェス」を開催して、社員同士でChatGPTの活用成果を披露しました。

・ソフトバンク

営業活動に特化したAIチャット「xBasecamp」において、最初にプロンプト（12種類）を用意して、スムーズに利用できる環境を提供しました。結果として定着率70％を達成しています。また、コピー＆ペーストで使えるプロンプト事例集を毎月追加更新しており、5つの職種ごとに170ほどの事例を掲載しています。

◉ コミュニティにおける「三共」

コミュニティ活動における取り組みとして、3つの「共」があります。これは「共有・共創・共育」を指しています。「共有」で立場や部門を超えて知見を持ち寄り、「共創」で一緒になって協力しながらノウハウを創り上げて、「共育」でより ChatGPT を使いこなせる人材を育てるという流れです。

こうしたコミュニティにおける活動を通して、社内外への情報発信や交流などにつなげましょう。コミュニティをきっかけとして、人材採用、案件の受注、他社との協業も期待できます。

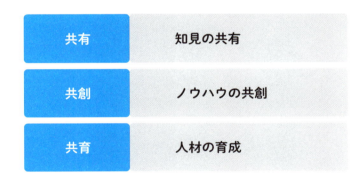

◉ フィードバックと改善

利用促進やコミュニティ活動を通して、利用者から要望が寄せられます。必要に応じて改善を行いましょう。こうしたフィードバックと改善のサイクルを繰り返すことが、社内での展開と利用率向上につながります。

◉ 導入済み企業におけるフィードバックと改善の事例
・あいおいニッセイ同和損保

導入開始から2ケ月後の利用者数が504人（全社員の約3％）に留まり、社内で否定的な意見が多数派になる懸念がありました。そこで利用者がプ

ロンプトを入力せずに、Teams 会議の文字起こしファイルから議事概要と ToDo リストを作成するツールを提供しました。

・KDDI

当初はブラウザによる利用でしたが、Teams にも提供して利用促進を狙いました。Teams は毎日使うツールなので利用機会が増加し、同僚のいるグループチャット内で ChatGPT から一緒に質問するなど、日常的な利便性も向上しました。また、他社との会議中に ChatGPT を呼び出すことで、話題にもなっています。

・三菱重工

自社が保有するデータに基づいた回答ができる仕組みを構築しました。メールや報告書における文章の推敲などで利用されています。今後は活用範囲の拡大に取り組みながら扱えるデータの種類を広げて、社内外における意思決定の迅速化を支援します。

効果測定と成果のアピール

　ChatGPT の導入から一定期間経過後、効果測定を実施します。これは ChatGPT 導入における、成果や変化を明確にするためです。各部門の業務における聞き取りやデータの収集など、プロジェクトチームが対応しても良いでしょう。

　効果測定に必要なデータは、ChatGPT の利用履歴（内容・回数・利用者・時間など）が挙げられます。まずはどの程度利用されているかを把握します。さらに利用者から、利用用途や要望などを把握します。その上でどのような成果が得られたか調べましょう。成果は様々で、人件費や業務量の削減に加えて、ChatGPT の利用によって新たに得られた利益（企画立案が増えた・コンテンツ制作の支援・システム開発業務のサポートなど）、社内コミュニケーションの円滑化（議事録の作成が容易になる・情報共有の頻度と速度が上がる）もあります。

　このような効果測定を行うには、データ基盤の整備が前提となります。データ基盤が整備されていないと、測定結果が間違っていたり、そもそもデータの取得や測定ができません。データがなければ成果や問題がある箇所を把握できず、対策を立てられません。導入だけで終わらせず明確な成果を出すためにも、再度データ基盤の重要性を記載しておきます。

　効果測定は、ROI（投資収益率）によって判断されます。特に経営陣は数字でわかる成果を求めます。しかし ChatGPT に限らず IT 系ツールにおける費用対効果は簡単に算出できず、意欲の向上や心理的な負担軽減など数字に表れない成果もあります。

　そこで導入の準備段階から、ROI を高めるために ChatGPT で大きな効果を期待できる業務を選別して、優先的に展開すると良いでしょう。このような管理会計の視点から成果を出せる分野を探る方法もあります。例と

して費用が少なければコストパフォーマンスが上がります。そこで最初は利用料が安い GPT-3.5で導入して、少ないコストで一定の成果を強調しても良いでしょう。成果を得た後で、改めて高コストですがさらなる生産性向上が期待できる GPT-4へ切り替える方法もあります。

効果測定の参考として、日立グループの事例を紹介します。ChatGPT導入活用における成果について、効果と難易度の軸で分類しています。まずは難易度が低く、効果を見込みやすい施策から取り組んでみましょう。

課題解決の難易度と効果

※『実践 生成AIの教科書』(株式会社 日立製作所 Generative AIセンター 監修／リックテレコム)の「図4.1 日立グループ内で実際に検証したユースケースの例」をもとに筆者作成。

▶ 導入済み企業における効果測定の事例
・茨城県

　Excel マクロなどプログラムの作成、文章の作成、要約、校正などに活用されています。さらに ChatGPT を適用する業務として、専門的かつ複雑な制度で、外部から問い合わせの多い業務が選定されました。また、法令、業務手順書、事例集などを ChatGPT が参照して回答する仕組みについて構築と精度検証を進めており、作業時間の約25％削減を見込んでいます。

・KDDI

　１日かかるプログラミングが２〜３時間に短縮されたり、自由記述方式のアンケート結果を効率よく集計するなど活用例があります。今後は有効な活用例が社内に展開されて、新たなアイデアが生まれる好循環が期待されています。

・パナソニック コネクト

　３時間かかったプログラミング前の事前調査を５分に短縮したり、人力で９時間かかったアンケート分析が６分で終了するなど、効率化を実現した業務があります。

・日立製作所

　2023年９月より特定部門における先行導入で効果を確認後、2024年４月から日立グループの全従業員（約27万人）に展開しました。資料作成における翻訳や、ソフトウェア開発、カスタマーサービスで活用を進めています。蓄積したデータを学習させることで、ソフトウェア開発では30％以上の時間効率向上を実現しました。カスタマーサービスでは問い合わせにほぼ正確に回答しています。

・三井化学

　製品の新規用途探索における高精度化と高速化を実現しました。新規用途探索は、ニュース・SNS・特許を分析して、自社製品の機能特性に関連するキーワードから、新しい用途を発見する取り組みです。成果として、自社固有の辞書作成数が約10倍に増加し、明確に「用途」と記載のあるデータで新規用途の抽出作業効率が３倍に向上、新規用途の発見数が約２倍に増加しました。

・LIFULL

　2023年10月から2024年３月の半年間で、従業員（LIFULL単体）の71.8％が生成AIを活用して合計20,732時間の業務時間の創出を実現しました。業務効率化の用途は文章及び資料の作成、調査及び情報収集、アイ

デア出し及び壁打ちなどです。

・ワークマン

2023年後半から、クリエイティブの領域で利用が進んでいます。新ブランド「ワークマンキッズ」のロゴや展示会のキャッチコピーの作成、メールマガジンの開封率を高めるキャッチコピーの改善などの成果があります。また、エンジニアにおけるプログラムの生成や修正にも利用しています。

❯ 成果のアピール

ChatGPTの成果は、数字上の分析結果以外もアピールしましょう。導入前の社内政治によって得られた情報や人脈を利用して、「社内で評価された」「問題が多い部署で解決につながった」など、心象が良くなるエピソードを集めておきましょう。

また、成果をアピールする手段として、社外向け広報活動があります。「ChatGPTを導入したIT活用に積極的な企業」というイメージと話題性を利用して、露出を増やしましょう。

社外への露出を増やす理由は、社内での影響力を高めるためです。しかし声を上げるだけでは無視されるなど、効果が期待できません。そこでメディア掲載という形で、社外から注目される方法を利用しましょう。外部から注目されたという実績があれば、社内での評価や印象に代わりますし、話題性もあります。結果として、社内における成果のアピールにつながります。そこでメディア掲載に向けて、具体的かつわかりやすい成果を準備しておきましょう。

露出先は経済誌や新聞やテレビなどの大手メディアだけでなく、特定業界に特化したメディアや専門誌も視野に入れましょう。メディアが取り上げやすい条件は、「数字が明確（例：３日かかる作業が10分に短縮）」「イメージが伝わりやすい（例：パートやアルバイトを含めた全従業員が使いこなす）」などが挙げられます。

しかし「知名度が低い」「地方」「中小企業」などといった理由で、メディア露出のハードルが高い場合もあるでしょう。そこを逆手に取って「実は

ChatGPTを使いこなす」というギャップを狙って、メディアに売り込む方法もあります。まだChatGPTを導入するのは東京の大企業が中心なので、地方発や中小企業などの特徴を活かしましょう。

　他のアピール方法としては、プロジェクトマネージャーが導入活用に至るまでの顛末を、イベントやセミナーで発表したり、記事や書籍の執筆につなげる方法があります。SNSや動画投稿サイトなどで、手軽に情報発信ができるので、活用してみましょう。企業によるSNSや動画は堅い内容が多いので閲覧数は伸びにくいですが、無理に話題性を狙って数字を伸ばそうとしても空回りするだけです。一般人の話題になるより、業界内の知名度向上を目指しましょう。

　閲覧数は少なくとも、利益につながる情報発信を心がけてください。こうした対外露出によるイメージ向上は、問い合わせの増加や人材採用などの効果があります。業務改善や費用対効果といった直接的な結果だけでなく、こうした成果にも目を向けてみましょう。

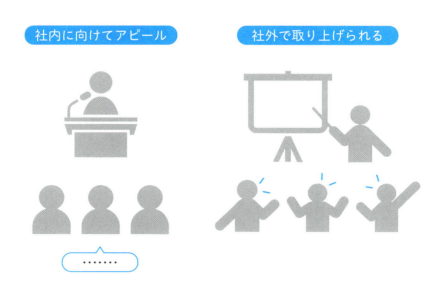

導入後における
チームの役割

　ここまで ChatGPT を社内に展開して広く使われるようになりました。ChatGPT の導入活用プロジェクトとして、一区切りがつきます。しかし終わりではありません。中長期的な視点でプロジェクトチームが果たすべき役割について解説します。導入活用段階と似た作業であっても、目的や取り組みが変化するので注意しましょう。

▶ プロジェクトマネージャーにおける役割の変化

　導入活用後はプロジェクトマネージャーの役割が変わり、チーム内の人材と業務の管理から、社内の人材と業務の管理に進みます。社内におけるルールや業務知識、管理職としての経験、ChatGPT に関する技術的な知識などを用いて、社内全体の業務改善と人材育成を推進します。さらに改善すべき業務の選定、予算や時間の配置、人材と能力の把握などに取り組みます。やみくもに ChatGPT を使うのではなく、ChatGPT で成果を出しやすい業務や、属人化して替えが利かない業務などを洗い出します。技術的な課題や業務内容や費用対効果を理解した立場として、ChatGPT をさらに展開しましょう。

▶ プロジェクトチームにおける役割の変化

　プロジェクトチームの役割も変化します。一例としては、社内業務全般における改善を進める特命チームに変化していきます。社内からの要望や依頼に応じて、ChatGPT による業務改善を実現する立場です。社内から「ChatGPT をもっと活用したい」という依頼が寄せられるには一定の信頼が必要なので、最初はプロジェクトチームから御用聞きをする場面もあるでしょう。ChatGPT における業務改善は、利用者が多くなれば成果も大きくなります。最初は小規模な利用に留まりやすいので、限定的な成果に陥らないようにします。

182

このように経営陣と現場をつなぎながら、俯瞰視点で仕事の進め方を変えることで成果を出しましょう。いわばスポーツチームにおける監督のような役割です。
　ChatGPT 導入後のプロジェクトチームの役割として、下記に3つ紹介します。

導入後におけるプロジェクトチームの役割

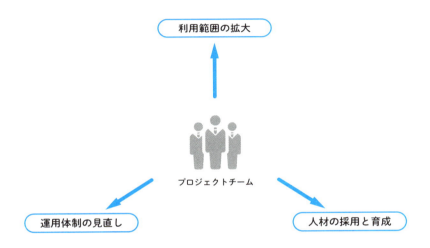

▶ 利用範囲の拡大

　最初は物珍しさから ChatGPT を利用するものの、何らかの理由で利用率は下がります。状況を把握しながら、適時施策を打ってください。

・デスクワーク以外の展開

　ChatGPT は画面の中で作業を実行するので、デスクワークでの利用が前提です。しかし、スマホアプリによる画像認識や音声対応など、オフィス以外でも活用できる場面があります。より幅広い業務の展開を検討してみましょう。

・社内外のプロモーションを増やす

ChatGPT の成果を継続的に社内外へアピールします。社内報、自社ブログ、SNS、イベントやセミナー登壇、メディア露出、他社とのコラボレーションなどで認知度を向上させます。こうした認知をきっかけに、社内での話題性を高めて利用拡大のきっかけとします。

・GhatGPT のバージョンアップ

GPT-3.5を導入した場合、精度や機能において不満も出てくることが考えられます。そこで GPT-4への移行を検討しますが、注意が必要です。利用料金が上がるため、維持費の高騰が予想されます。利用できる人数、用途、回数を制限するなど調整も必要です。GPT-4への移行は、画像やデータ分析やプログラミングの開発支援に対応できるので、エンジニアなどの専門職における成果が見込めます。

・社内政治への展開

経営陣には効果測定を継続しながら ChatGPT の成果をアピールして、現場には ChatGPT における要望を聞き込みながら満足度を高めていきます。社内において、ChatGPT が便利で必要不可欠な道具であるという空気を醸成し、さらなる利用範囲の拡大を図りましょう。

❯ 運用体制の見直し

ChatGPT の利用状況や要望は常に変化します。社内における利用状況のみならず、ChatGPT も定期的に機能追加や料金変更が行われており、最適な環境は流動的です。常に最新情報を把握しながら、施策を打っていきます。

・フィードバックと改善の継続

導入直後では気付かなかった問題や要望が発生します。利用者の要望を集める窓口を社内に用意して、改善しましょう。さらに利用者からの報告を待つのではなく、プロジェクトチームが自ら動いて社内からの意見を募って耳を傾けるべきです。

・ガイドラインとセキュリティの見直し

利用状況を監視しながら、ガイドラインとセキュリティにおける抜け漏れを調べます。特に想定外の利用方法や突発的な不具合が発生した場合を考慮して、その都度見直しましょう。

・外注先からの技術移転

開発や運用を外注先に委託している場合、時間もコストもかかります。自社で対応できる体制を作るため、技術やノウハウを自社に移転していきましょう。

・維持費の見直し

利用者と利用回数が増えれば、維持費の負担も大きくなります。適切な利用状況であるか確認しましょう。また、利用料金や契約プランは定期的に変更されるので、自社に最適な契約を探してください。

・動向の把握

ChatGPT は常に改善や機能追加を繰り返しており、数ヶ月でも大きな変化があります。定期的に情報収集しておき、他の生成 AI ツールにおける動向も把握しておきましょう。また、ChatGPT 以外に話題のツールなどを試して使い勝手を把握しておけば、必要な段階になってもすぐ導入できます。

❯ 人材の採用と育成

ChatGPT を使うのは、あくまで人です。「後世のために財を残すは下、事業を残すは中、人を残すは上である」という言葉もあります。新たな時代に適応した人材の採用と育成を進めましょう。

・プロジェクトチームの拡大

より大規模かつ多様な業務に対応するには、発足当初のメンバーでは限界があります。社内外における成果のアピールを根拠にして、メンバーと

権限の拡大を狙いましょう。さらに社内からの登用と外部からの採用を含めて、準備しておきます。

・教育とコミュニティ活動の継続

最初から ChatGPT を活用できる人材は社内の一部です。継続して教育を行いましょう。並行して社内コミュニティを発展させて、情報共有や意見交換を推進します。

・外部からの採用

外部からプロジェクトチームの人材を採用することも重要です。しかし人事部門だけでは、専門的な人材の採用活動に限界があります。特にエンジニアは年収などの待遇だけでなく、技術的な挑戦や一緒に働く人などを重視する傾向もあります。仮に採用できても、不満があれば短期間で転職してしまいます。優秀な人材が働きやすい環境作りも並行して進めましょう。

・社内からの登用

ChatGPT の有用性やプロジェクトチームの活躍によって、関心を持つ従業員も出てくるでしょう。希望者をチームメンバーに登用することも検討します。しかし、いたずらに人数を増やすとチーム運営に支障が出たり、要求も高度になります。なるべく少数精鋭で対処できるチーム作りを心がけましょう。

・ChatGPT 人材の育成

プロジェクトチームは人材育成においても重要な役割を示します。昨今では「リスキリング」と呼ばれる学び直しが注目されています。

例として年配の従業員は、ChatGPT に限らず IT に関して苦手意識を持っています。そこで ChatGPT を学ぶことで、自分の仕事に活かしながら自信を持って働けるようにすれば、本人と会社の双方にメリットがあります。このようにプロジェクトチームが積極的に人材を再生しながら、新たな活躍の場を作ることも視野に入れましょう。

働き方と組織の変化

ChatGPTが社内に普及すると、働き方はどう変化するでしょうか。導入した企業における変化として、メールや資料作成の効率化、会議や打ち合わせなどの情報共有にかかる手間の削減が挙げられます。しかし、それだけではありません。

▶ 外注から内製化への切り替え

ChatGPTの普及によって、外注先に委託していた業務を内製に切り替える事例もあります。これまで専門的な業務は社内にノウハウがないなどの理由で、外注化するのが一般的でした。情報システムの開発、広報・プロモーション、人材採用、SNS運用、マーケティングなど様々です。一方で外注においては、時間と費用が必要以上にかかることや、外注先の選定と管理の負担が課題でした。

外注から内製化に切り替える業務の例として、ネット広告のようなスピードと柔軟性が求められるものが挙げられます。広告でもテレビCMは長期間の準備や専門性が必要なだけでなく、効果を数値化しにくいためChatGPTで代替するのは難しいでしょう。対して、ネット広告は短期間で複数の広告案を展開しながら、成果を数値で把握できます。さらに短い期間で試行錯誤を繰り返すサイクルによって、より高い成果を目指します。こうした背景から、内製化によって制作から実行までの流れを加速させれば、高い効果に加えて費用と時間の削減も期待できます。

しかし、あらゆる業務を内製化するのは非現実的です。例えば基幹システムのような大規模な開発プロジェクトにおいては、外部のIT企業が持つ人材やノウハウは圧倒的に優位です。安易なコスト削減で外注先を切り捨てても、残るのは後悔だけでしょう。

外注から内製化へのシフト

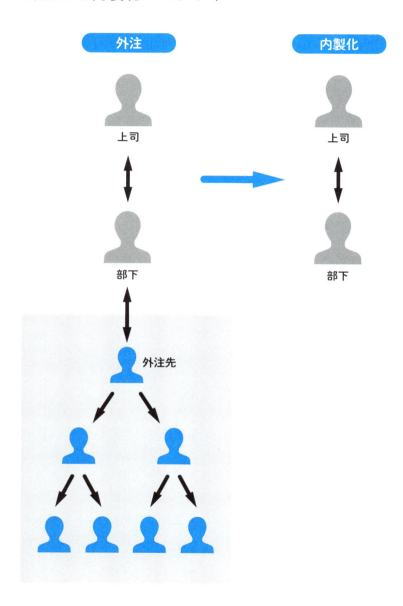

人手不足や従業員の保護に役立てる

　内製化を進める背景として、人手不足が挙げられます。採用は新卒中途を問わず難しくなり、ベテラン世代も退職します。残った人員で今以上の成果を出すには、少ない手間で社内でできることを増やす効率化が避けられません。外部委託の撤廃は現実的ではないものの、社会全体の人手不足を考慮すると体制の見直しは必要でしょう。人材という資源が貴重になれば、今後に備えて自社の人材でできることを増やしておく必要があります。

　さらに既存の人材を守るためにも、ChatGPT を活用しましょう。業務において、感情を疲弊する場面は多いです。例えば取引先への謝罪文を考えていると、精神的に辛くなるでしょう。あるいはコールセンターのクレーム対応は精神的苦痛を伴うので、離職率が高くなります。そこでChatGPT で謝罪文を考えれば人間の負担を減らせますし、ChatGPT は人間と違って精神的に疲弊しないのでクレーム対応に適任です（すべてChatGPT で対応すると逆効果なので、使い分けは必要です）。

　これまでのように、あらゆる作業を人が行うのは現実的ではありません。将来の人手不足に備えて、人間と ChatGPT における適材適所を考慮しましょう。

組織変革を ChatGPT で高速化する

　このような働き方や組織の変革には、一定の時間がかかります。しかし、10 〜 15年もかかるようでは、時代に取り残されてしまいます。その頃には ChatGPT も過去の遺物でしょう。そこで ChatGPT によって、組織変革の速度を速めましょう。

　ChatGPT をきっかけにして、社内で活用法などについて部署の壁を越えて意見交換を行ったり、コミュニティ活動を通して社内のやり取りが生まれます。こうした人と人をつなげて動かすという意味で、ChatGPT が潤滑油のような存在になります。

　こうしたきっかけから部門間の壁を越えた業務効率化を進めるなどの経験を積み重ねて、組織内の交流を深めていきましょう。社内のコミュニケーションや情報のやり取りを増やして働き方や組織を見直しながら、変

革にかかる時間を短くします。

　組織が大きく変わるきっかけは、現場よりも経営陣が影響します。たとえば社長交代は、会社が変わるきっかけになります。しかし、簡単に社長は交代しないので、ChatGPTをきっかけとして、経営陣への働きかけや意識改革につなげていきましょう。

　それでも、新しく小さい組織であるスタートアップに対して、古く大きい組織の大企業では、どうしても意思統一が難しくなります。一朝一夕で変わるのは難しいですが、有効な施策として活用してみましょう。

　変化が激しい世界において将来にわたって生き残る組織は、強い組織ではなく変化できる組織です。かつて時代の寵児だった企業が凋落して赤字を計上しても、倒産するかV字回復を果たすかは組織次第です。そして両社の違いは変化への適応です。まずはChatGPTを導入するという挑戦から始めましょう。失敗を繰り返さなければ得られない学びがあり、他社の成功事例を後追いしても意味はありません。従来の失敗しないことを是とした組織文化から、挑戦する組織への変革が求められます。

　そして変革に続いてChatGPTを新規事業の立ち上げや利益創出につなげましょう。ChatGPTの目的はコスト削減だけではありません。導入を機に新たな利益を生み出す柱にしましょう。新規事業の立ち上げに重要なのは、幅広い職種や人材や技術を通じた協業です。部門間を越えた意見交換や意欲のある人材の立候補など、ChatGPTをきっかけとした協業で社内外を取り巻く障壁を下げましょう。障壁が下がることで、新たな事業の芽が出やすくなります。利益創出においては、専門知識が必要な作業、難しい技術の取り扱い、外国語の翻訳、手間のかかる調査などの効率化が挙げられます。また、エンジニアのような専門職なら、ChatGPTによって少人数で高い生産性を発揮できるので、短期間で試作開発と改善を行うサイクルを実現できるでしょう。

　さらなる理想形としては、複数の職種や部門を越えたコラボレーションです。ChatGPTの導入によって、これまでつながりのなかった職種や部門を通じてやり取りを期待できます。例を挙げると、全ての従業員がデータ分析できる組織を目指すには、専門家であるデータサイエンティストの

知見が必要になります。こうした組織を実現するために ChatGPT を用いて、初心者でもデータ分析ができる方法を従業員とデータサイエンティストが一緒に考える必要があります。その結果を社内勉強会などで発表すれば、データサイエンティストを含めた専門職の知見を共有する機会も生まれるでしょう。

このように異なる職種や部門間を通じて、協力しながら業務改善に取り組むきっかけとして、ChatGPT を活用してください。

将来に目指すべき組織とは

目指すべき組織として他社を参考にすることがありますが、メディアに登場した組織を後追いしても、そのやり方が自社に合致して成功する保証はありません。そもそも組織変革に時間がかかる以上、時代や環境も変化する中で単純に模倣できません。業種や社風も異なれば、参考にできる部分も限られます。良い部分は参考にしながら、目指すべき組織の形は自社だけの強みを誇る組織でなければいけません。

過去に企業の組織変革として「勘と経験と度胸（KKD）」から「データの利活用（データ・ドリブン）」が提唱されました。いわば「データで話す組織」が目標とされていました。背景には2010年頃におけるビッグデータやデータサイエンティストの隆盛がありました。しかし、この場所は既に他社が10年以上前に通過した場所です。さらに「データで話す」だけで実行しなければ意味がないという問題もあります。

では、ChatGPT 時代の目指すべき組織像はどのようなものでしょうか。これからは「AI で動く組織」です。「話す」だけでなく「動く」ことが重要であり、手も足も頭も動かします。さらに「人間が AI の指示に従って動く」という主従関係ではなく、「人間の仕事を AI によって動かす」という意味が込められています。

「データで話す組織」から「AIで動く組織」へ

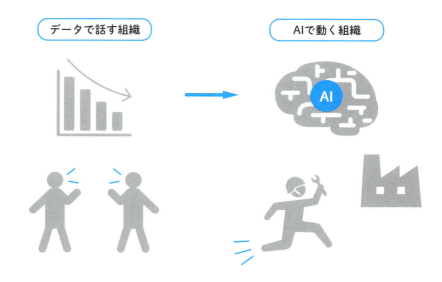

　そしてChatGPTで求められるのは、結果です。現場で価値を生み出して結果を出すのは、本書でChatGPTを学んで経験を積んだあなたの役目です。そして結果を出すために必要なのは、行動を起こすことです。あなたの行動から、ChatGPTにおける最強無敵の業務改善を実現してください！

導入企業の
活用事例

ChatGPTを導入活用する４社
（三井住友海上火災保険、ライオン、
住友生命保険、ベネッセホールディングス）に
取材しました。
各社における導入に至った経緯や
ChatGPTの活用法、短期間による導入を実現した
開発体制、社内での利用促進などを
参考にしてください。

※所属部署及び役職は取材時のものです。

三井住友海上火災保険株式会社

鈴木 智洋様　ビジネスデザイン部 MS1 Brainチーム（取材当時）
和食 昌史様　ビジネスデザイン部 データサイエンスチーム長（上席）

取材日：2023年8月8日

——2023年5月という早い段階でChatGPTを導入していますが、どのような背景があったのでしょうか。

導入には経営陣の後押しもあって、短期間で一気に進めることができました。2023年の3月頃から検討しており、4月には中心となるエンジニアなどが集まって生成AIの研究・検討を進める「AIインフィニティラボ」が社内に設立されました。当初はChatGPTが間違った内容をさも正しく答えるなど懸念もありましたが、経営陣からは「先輩や上司でも間違えることはある」と理解があったのも助かりました。まずは生成AIチャットツール「MS-Assistant」として、社内でChatGPTが使えるというシンプルな形で導入しました。利用状況などを把握しながら、分析も行っています。

利用状況については、日常的に利用しているのが社員全体（14,000人）のうち、2割程度です。役職別で見ると管理職以上の利用率が高く、若手社員が低めという結果がわかりました。実は導入時に利用すると費用がかかる点を説明したのですが、そのせいで若手社員に気を使わせてしまったのが影響したようです。今は業務効率化につながるので、どんどん使ってほしいと伝えているほどです。

部署によっても利用状況は異なり、法務部門や海外とのやりとりが多い部門では、翻訳や要約に役立てています。他の用途としてはブレインストーミングやアイデア出しなどがあります。

——ChatGPTにおけるセキュリティや情報漏洩の懸念はどのように解消されましたか。

セキュリティと情報漏洩はクラウドの「Azure OpenAI Service」において、設計段階からインターネット上でデータのやり取りを行わず、クラウドにもデータを残さないように設計するなど、対策を施しています。万が一、問題があるデータを入力しても外部に漏洩しない設計や契約について準備しており、社内で承認を得ています。

——業務改善にはどのような形で役立っていますか。

最初に思いつくのは壁打ちの相手になってくれる点です。たとえば営業では、お客さまへの保険提案の際、事前に想定される質問を考えておきます。こうした場面で、一緒に考えてくれるのが助かりますね。業務全体でこれから最優先で対応したいのは、電話対応です。特に保険金お支払い部門では、お客様とのやりとりを必要な箇所を要約してデータ入力するのですが、その前に次の電話が来てしまうことがあります。まだ実証実験中ではありますが、ChatGPT が自動で会話内容を要約する仕組みを実現したいです。

また、現状では ChatGPT が扱えるのはテキストが中心ですが、今後は事故対応などで画像も扱いたいと考えています。画像によって素早く状況を判断して契約者様への対応を迅速にしたり、あるいは生成 AI による詐欺を見破る必要も出てくると考えています。こうした社内業務の改善に向け、生成 AI 技術を活用した検討を常に進めています。

——保険会社特有の ChatGPT の利用方法などはありますか。

まずは保険商品やサービス、事務処理ルールの照会における効率化が挙げられます。そこで業務マニュアルを学習させていますが、目下精度向上中で継続的に取り組む課題となっています。保険業務には注釈による例外事項も多いのでデータの参照が難しいなどの問題があるためです。こうした特定用途に特化した AI の開発は難しいので、外部とのオープンな意見交換も大事だと感じています。業界を問わず生成 AI 活用を進める他社の

方々から色々と教えていただいたり、こちらからアドバイスさせていただくこともあります。

——導入後の利用促進はいかがでしょう。

　利用率が2割程度なのは想定より少ないと考えており、今後どう増やすかが課題です。要因としてはまだ「ChatGPT をどう使うか？」という、試行錯誤があるからでしょう。まずは ChatGPT とネット検索との違いやプロンプト（命令文）について、どれだけ把握できるかが分かれ目だと思います。そのために積極的に社内勉強会を行って学ぶ場を設けたり、個人や部署単位での活用法を発表しあって共有する機会を作っていきます。あるいはアイデアコンテストのような、コンペ形式でも良いかもしれません。

——今後の展開について、教えてください。

　社員にとって ChatGPT が、頼れるパートナーになってほしいと考えています。社員全員にパートナーを付けるのは難しいですし、上司や先輩には気を使ったり遠慮することもあります。そこで ChatGPT が代わりに、いつどこで何を聞いても答えてくれれば、ありがたい存在になるでしょう。また、働き方がリモートから出社へ回帰しつつあります。その中で生成 AI が代わりに業務をしてくれたり、場所の制約を取り払ってくれることに期待しています。こうして働きやすさの改善で従業員の満足度が向上していけば、採用に向けた広報にもつながります。

　AI の進化はこれまでの第三次 AI ブームから、ChatGPT による第四次 AI ブームとなりつつあります。近い将来には AI が企業に定着すると予想しており、この波に乗らないと取り残されるのではという恐怖感さえもあります。そのための旗印として、我々の AI インフィニティラボでイノベーション活動を推進しながら、業務改善に取り組むマインドを持った社員を増やしたいです。

ライオン株式会社

黒川 博史様　デジタル戦略部 戦略企画グループ マネジャー
久保 覚様　デジタル戦略部 情報システムグループ インフラチーム
小林 とよみ様　デジタル戦略部 情報システムグループ 開発チーム

取材日：2023年8月21日

——ChatGPT 導入活用の中心となるデジタル戦略部はどのような部署でしょうか。

　元々3つに分かれていた社内の情報システム部門を統合した組織で、メンバーは基幹システム担当からデータサイエンティストなど、幅広く在籍しています。ChatGPT 導入のきっかけは2023年2月に行われたワーキンググループで、社内で横断的な取り組みをやろうという発案がきっかけでした。2023年3月には ChatGPT の導入が決定しました。2023年4月には正式にプロジェクトが立ち上がり、「ChatGPT で何をやりたいか」を社内でヒアリングしながら、開発がスタートしました。そして2023年5月に社内専用の対話型 AI として「LION AI Chat Powered by ChatGPT API」を発表しています。

——意思決定から導入開始まで短期間で実現できた背景は何でしょう。

　以前から社内のエンジニアやパートナー様と新しいことをやりたいという話があり、AWS（Amazon Web Services）を自社内で積極的に導入しておりました。そして今回の ChatGPT では経営陣の「スピード感を大事に」という後押しもあって、デジタル戦略部のエンジニアによる内製化によって短期間で導入できました。

——利用におけるガイドラインの制定はどのように行われましたか。

　既存の社内情報システムに関するガイドラインで機密情報の扱いを取り決めています。また、非常時には緊急停止できる仕組みもあるので、安全面に配慮しています。

——導入後の反響はいかがでしょう。

　役立つ場面として一番多いのが、文章の要約、文章の作成です。あるいは壁打ちの相手になってくれるのがありがたいですね。IT エンジニアやデータサイエンティストからは、プログラミングの支援が特に好評です。

　国内の従業員（約5,000名）向けに提供していますが、利用状況としては直近で１日に500 〜 600リクエスト、２週間で5,000リクエストとなり、徐々に利用も増えています。また、2023年８月からは、GPT-4も利用できるようになりました。

　一方で ChatGPT を使う人と使わない人の二極化を懸念しています。特に Google の検索エンジンとの違いがまだ周知できておらず、キーワードを並べて調べても間違いが出てきて戸惑う人もいます。他にも長文の生成や論文の要約でエラーがあったり、計算に弱い点などで躓く人がいます。まだまだ ChatGPT への期待値が高すぎたり、期待外れと感じる部分があるので、ギャップを減らしていきたいです。重要なのはリテラシーの向上なので、社内における継続的な教育に注力していきます。

——社内で幅広く利用してもらうには、どのような施策が必要ですか。

　知見の共有が課題となっています。Teams でノウハウをまとめても、制作中に状況が変わってしまいます。そこでデジタルによる情報発信だけでなく、対面における体験会をやりたいと考えています。「ChatGPT を部署の会議で説明してほしい」などの要望もあり、それだけ期待もあって人材育成の効果が高いです。ChatGPT をきっかけに別部門が連携する機会につながるなど、ChatGPT が業務改善のきっかけになりつつあります。そこで体験会という形で業務知識は豊富ですが、IT に苦手意識があるベテラン世代にも ChatGPT を活用してもらい、若手世代にノウハウを落とし込んでいければと考えています。

――利用者からは他にどんな要望が挙がっていますか。

　若手社員が「もっとChatGPTを知りたい」と、積極的に意見をくれます。他には「指示に応じて毎回異なる回答をしてほしい」や「同じ質問には同じ回答をしてほしい」という要望に加えて、「社内の業務や手続きに関する情報を読み込んでほしい」という意見が多いです。これらは専用データの学習も必要になるので、順次対応を進めていきたいです。

　ChatGPTとは別ですが、スマホによる業務遂行や、Microsoft Power Platformによるノーコード・ローコードツールの利用も強く要望されています。そこでノーコード・ローコード推進のためにChatGPTを併用することも検討しています。弊社としてはChatGPTに一本化するのではなく、幅広く使えるノーコード・ローコードも重要だと考えるからです。また、1対1で決められた質問と回答をするならチャットボットの方が優秀ですし、適材適所が重要です。ChatGPTに対しても仕事を劇的に変えるツールのような過大評価はせず、流行に振り回されないようにしています。他にもRPAやBIツールなども全社的に展開している最中なので、バランスよく活用したいですね。

――技術面においてChatGPTに対する課題や展望はありますか。

　新しい機能は常に試していきたいです。たとえばAdvanced data analysisによるデータ分析やプログラミング支援は非常に強力なので、もっと有効活用したいです。一方で専用データの学習においては、データの準備やルールの制定、アウトプットされた情報の扱いなど、まだ課題が残っています。

――今後の展望はどのようにお考えでしょうか。

　より個別の業務に寄り添って、ChatGPTが活躍することを期待してい

ます。たとえば広報などでは、日々の情報収集を効率化するために、関心のあるニュースを要約して Teams に通知してくれるとありがたいです。弊社は口腔データとオーラルケアにおいて、データを利用して「習慣を科学する」を掲げています。ChatGPT に限らずデジタル全般を活用しながら生活習慣、特にオーラルケアにおけるイノベーションを起こす存在を目指していきます。

住友生命保険相互会社

岸 和良様　エグゼクティブ・フェロー デジタル共創オフィサー デジタル＆データ本部 事務局長
中川 邦昭様　情報システム部 システム業務室 部長代理
宮本 智行様　情報システム部 部長代理 デジタル＆データ本部 事務局

取材日：2023年8月29日

——2023年7月に「Sumisei AI Chat Assistant」の導入発表があり、金融業における早期導入となります。どのような背景がありますか。

　生命保険会社の業務は正確性重視の定型的な作業が多いですが、職員の多くを占めるバブル世代の退職が近づいており、これまでと同じやり方では、人手不足によってすべての業務を同品質で遂行することが困難になるリスクがあります。これに備えるため、生成AIを活用して業務効率を高めることが背景の1つです。

　また、ChatGPTの導入は社内からの期待が高かった点もあります。社内SNSにChatGPTの専用チャンネルが有志で作られ、また、経営層からの強い要望もありました。そこで、社長直属のデジタル＆データ本部が中心となって、導入決定から約2ヶ月で環境を構築し、運用を開始しました。現在は本社所属の職員を中心に約1万人が利用できる状態で、週単位で約1,000人が利用し、約8,000件のメッセージがやりとりされています。

　開発はグループ会社のスミセイ情報システム株式会社が担いました。短期間かつ大規模な環境構築でしたが、以前からデジタル人財の育成を行ってきたため、ほぼ全て内製化ができ、効率的に対応できました。

——生命保険というセンシティブな商品を扱う上で、ChatGPTに起因するリスクをどう管理していますか。

　情報漏洩・権利侵害・ハルシネーションという3つのリスクの観点でガイドラインを作成し、運用しています。ガイドラインの作成においては政府機関や日本ディープラーニング協会のガイドラインを参考にし、また弁

護士の照会結果も取り入れており、情報の誤認や意図せぬ権利侵害が発生しないようにしています。ユーザーの利用履歴を確認しており、問題発生時にも対処ができる体制を整えています。

——ChatGPT はどのような用途で使われていますか。

　よく使われるのは、英語の翻訳、資料の要約、議事録の作成、Excel のマクロの作成や解釈などです。加えて、新たな商品・サービスの企画やアイデアを考える上での壁打ち相手としても活用されています。例えば、保険商品の開発担当なら、「女性向けの保険商品にはどのような顧客価値が必要か？」など壁打ちしながら掘り下げています。また、スマホアプリのコンテンツ製作において、従来は外注していましたが、ChatGPT の活用により内製化できる比率も上がってきました。他には、社外向けのセミナーやイベントの企画書や、お詫び文の作成に ChatGPT が使われているケースもあります。

——既に ChatGPT が社内に定着しているのでしょうか。

　先日、社内に ChatGPT の勉強会を案内したところ、約1,000人の応募があり、社内の関心はかなり高いと感じています。一方でネット検索のように使う人もまだ多いため、効果的な使い方やプロンプト（命令文）の作成方法を身につけてもらうため、基礎から応用まで段階的に教育を進めています。社内認定制度を設け、認定された職員が周囲に活用法を広める役割を担っていく運用も検討中です。

　また、経営層・役員向けにも ChatGPT の勉強会を行ったことにより、社内では「管理職も ChatGPT を学ぶ必要がある」という空気になっています。加えて、ChatGPT 導入のニュースリリースを出したことにより、他社様から「住友生命さんが ChatGPT をやっているから、自社の導入を検討することにしました」というお声をいただくこともあり、職員の刺激になっています。

——既に ChatGPT の導入による成果は出ていますか。

　出ています。たとえば、新たな企画を考える際、「調査→内容のまとめ→文章の構造化→原稿」という作業の流れになりますが、ChatGPT に調査を代行してもらい、調査結果を文章にしてもらうことができています。これにより、従来は1週間ほどかかっていた作業が、数時間でこなせるようになりました。

　他にも、エンジニア出身者で文章作成が苦手な職員がChatGPT 導入のニュースリリースを担当することになり、困っていました。そこで、ChatGPT にニュースリリースの雛型を作成してもらったり、内容のアドバイスをしてもらったりしたところ、短期間で質の高いニュースリリースにまとめてくれました。

　さらに、新聞や雑誌、ニュースサイトなどから依頼された原稿について、調査やアイデア出しを ChatGPT が手伝ってくれます。おかげで今までは断っていた依頼も、引き受けられるようになりました。より多くのメディアへの掲載による広告効果もあり、会社としての利益にもつながります。

——今後の展望はどのようにお考えでしょう。

　今後は ChatGPT をうまく使いこなせるかどうかで職員の生産性に差が生まれ、会社としての競争力に関わってくると考えています。よって、全社の教育により一層力を入れ、全員が使いこなせるようにしていく予定です。職員一人ひとりが ChatGPT を頼りがいのあるパートナーのように活用し、自分の力以上のアウトプットを出せるようになることで、より多くのお客さまに今まで以上の価値を提供していきます。この積み重ねにより、当社のパーパスである「一人ひとりのよりよく生きる＝ウェルビーイング」を支える WaaS（Well-being as a Service）を実現していきたいと考えています。

株式会社ベネッセホールディングス

植田 省司様　Digital Innovation Partners インフラソリューション部 部長

取材日：2023年9月4日

——「Benesse Chat」を導入するにあたって、どのような経緯があります
か。

　一番大きい理由として、過去にスマホの登場という新たな新しい動きに
対して、出遅れてしまった反省があります。そこで先端技術を常に追うよ
うになり、生成AIについては2022年頃から業務でどのように活用できる
か検討していました。2022年11月にBenesse Chatが発表されましたが、
過去の失敗もあって「社内で議論する前に、まずは社員がBenesse Chat
を使える環境を1日でも早く提供すべき」と決断して、社員に善し悪しを
判断してもらえる環境を準備することにしました。

　社内にはプログラミングだけでなくITインフラやセキュリティにも知
見があるエンジニアがおり、このチームによる内製化で開発を進めまし
た。まずはモニター可能で学習されずデータを社外に出さない設計を短期
間で作り上げて、インフラの構成も社内全体で利用する場合のキャパシ
ティを考慮しながら構成を決めていきました。OpenAI社のAPIも検討
しましたが、グループ全体で15,000人の運用に耐えられるかの懸念もあり、
弊社での開発ノウハウが蓄積されている点も考慮してAzure OpenAI
Serviceによる導入が決まりました。こうして2023年4月に「Benesse
GPT（現：Benesse Chat）」を提供開始しております。

——導入後の利用状況はいかがでしょう。

　全体としては約2割の社員が恒常的に業務利用しており、その中でほぼ
毎日使っている従業員が約4割、週2〜3日使っているのが約3割、週1
回使っているのが3割となります。ここ2ヶ月ほどの利用状況は安定して

推移しています。活用方法としては、企画を壁打ちしながら一緒に考えたり、メールの文章生成といった業務アシスタント的なものが中心です。弊社は様々なライフステージに合わせた学習を支援しており、例えば企画を考える場合でも小学生と高校生と社会人では、目的や状況が異なります。それぞれのお客様に合わせてアイデアを練る時に、Benesse Chat を活用しています。

コロナ禍以前は社内でお互いに対面でやりとりしていましたが、今はリモート勤務も増えたことで気軽に人に相談することが難しくなり、その代わりに Benesse Chat に相談するという使い方が意外と多いということは新たな発見でしたね。人間同士のやりとりでは相手を拘束するなど心理的な負担がありますが、Benesse Chat なら時間や場所を気にせず相談できるのが好評です。

──定着させるために、どのような支援を行いましたか。

まずは役員向けに資料とデモで説明して、了承をいただきました。さらに従業員向けに生成 AI をテーマとした研修を数百人集めて行っています。導入後のフォローは、Teams 内にあるオープンチャットを参照して解決できるようにしています。社内には Benesse Chat に詳しいファンも多く、わからない人がいてもフォローしてくれます。さらに要望なども Teams 上に集めることで、社内におけるニーズやトレンドがわかるようになりました。

──Benesse Chat 導入後でどのような変化がありますか。

特徴的なものとして、会議で議論が白熱したときに「Benesse Chat に聞いてみる」という選択肢が出てきたのは、驚きでした。また、必要な時にその都度データ分析をやりたいという要望も挙がっており、我々のチームはデータベースも担当しているので、どんな仕組みを提供するべきか準備しています。

――問題発生時のリスクについてはどのように考えますか。

　Benesse Chat は間違いもあるという前提で利用しています。もちろん監視や情報漏洩対策も行っていますが、過度にリスクを懸念する人も多いように思います。一方でテクノロジーには、変化を進めるアクセルと、コンプライアンスを遵守するブレーキの双方が必要だと考えています。Benesse Chat には著作権侵害などのリスクがありますが、闇雲に生成 AI を利用したサービスを禁止するのも違和感があります。そこで社内向けの業務改革には利用しつつ、お客様には安易に利用しないという方針で運用しています。

――自社内の専用データを Benesse Chat に学習させていますか。

　現時点では行っていません。社内データと連携させるかどうかについては Azure OpenAI Service を提供する Microsoft 社によって今後解決されると考えており、時間とリソースはベネッセでなければできないことに充てていきます。重要なのはお客様に価値を提供することであり、「生成 AI を使いました」というアピールではありません。もしも生成 AI を使ったサービスを開発するなら、ベネッセが提供する必要性を明確にして、信頼いただけるものを届けることが重要ですね。

――これから ChatGPT を導入活用する企業へのアドバイスはございますか。

　実際に導入してからわかることが多いので、まずは使ってほしいです。ChatGPT に限らず新しい技術は危険ばかりではありませんし、リスクや不安で必要以上に躊躇しないでください。「失敗しない」「必ず成功する」だけを求めていては、デジタル活用は進みません。まずは小さく試すことをおすすめします。コストについても内製化の比率を高めれば費用や時間を抑えられますし、そこまで高いものでもありません。新たな技術を使いこなして変化を楽しむ姿勢こそが、未来を開くと思います。

最終
章

人間に残された
仕事は"土下座"
だけなのか？

2025年のChatGPT

　本書の発売日は2024年10月です。ChatGPT は非常に動きの早い製品です。そのため発売した時点で、内容の一部が古くなっているかもしれません。さらに発売から 1 年経てば機能や画面は大きく変わり、3 年後には ChatGPT ではなく別の AI が社会を席巻するかもしれません。確実に言えるのは、ChatGPT を含めた AI がさらに進化して、社会全体にも広がることです。

　かつてガラケー（携帯電話）がスマホに切り替わったように、ChatGPT を含めた AI が社会に浸透するでしょう。もっとも、未来予想は外れるのが定番です。特に AI 分野は有名大学の教授であっても、1 年先すら想像できないほどです。逆に考えれば「未来は予測するものではない」と言えます。さらに我々のような一般人は未来を作ることはできず、誰かが作った未来に流されるしかありません。そのためにできることは変化に順応することです。いわば変化に対する「受け身」が求められます。変化を受け止めて、乗り越える力が必要になるでしょう。

❯ 君たちはどう学ぶか

　ChatGPT を含めた AI の進化と社会の変化に対応するには、学ぶしかありません。そして ChatGPT のみならず、IT について幅広く体系的に学ぶことが重要です。一般的なビジネスパーソンにおける学習の目安として、IT 資格の入門として位置づけられる「IT パスポート」の取得が挙げられます（IT パスポートは、2024年 4 月の試験から ChatGPT を含む生成 AI に関する内容が追加されました）。経済産業省の独立行政法人である IPA（情報処理推進機構）が認定する公的な資格なので、パスポートのような身分証として持っておきましょう。

　同時に継続的な情報収集が大切です。どうやって ChatGPT を含めた最

新の AI や IT 全般について把握すれば良いでしょうか。下記に紹介する適切な情報源をおすすめします。

・公式情報

まずは OpenAI 社（ChatGPT）やマイクロソフト社（Azure OpenAI Service）における公式情報を調べてください。ChatGPT に限らず、IT における最新かつ正確な情報は公式から提供されます。英語の情報なので ChatGPT で翻訳や要約をすると良いでしょう。

・ニュースサイトとレポート

ChatGPT を含めた AI 及び IT 全般における情報源として、大手 IT 系ニュースサイトが挙げられます。公式発表による英語の情報を適切な日本語表現でまとめています。また、IPA や官公庁など公的機関がまとめた報告書、コンサルティングファームや大手 IT 企業の調査部門によるレポートも参考になります。導入活用の事例においては経済誌や経済系ニュースサイト、法律や特許関連については弁護士及び弁理士による見解を確認しましょう。

・書籍

書籍は出版社において内容が保証されており、情報を広く深く理解するために重要です。本書のようなビジネス書に加えて、エンジニア向けの技術書や法務関係の書籍も参考にしましょう。しかし発売まで時間がかかるため、情報が古くなりやすい点に注意してください。

このような信頼できる情報源から、最新情報を把握しましょう。しかし毎日大量の情報を把握するのも限界があるので、自分のペースに合わせて継続してください。

本書の発売後、新バージョンとして開発を表明している「GPT-5」が発表されるでしょう。しかし本書の内容が陳腐化するわけではありません。機能においては第 2 章の内容を把握しておけば、バージョンアップによる

追加機能と変更点だけ把握すれば済みます。1から学ぶよりもずっと簡単に最新の ChatGPT を利用できます。さらに個人の業務や会社における導入活用においては、引き続き本書の内容が活用できます。土台として基本的なことを習得しておけば、新たな追加や変更を確認すれば大丈夫です。

❯ 最新情報に価値はあるのか？

ChatGPT における最新情報を調べる際は、X（旧 Twitter）や Instagram や Facebook などの SNS、YouTube や Tiktok などの動画投稿サイトに注意してください。情報発信における速さと量は突出しているものの、「○○がヤバすぎ！」「誰でも○○できる！」「○○（既存の製品やサービスや職業）は終了！」のような誇張した表現や根拠の無い断定が見受けられます。

さらに既に SNS などで公開された情報（発表内容や活用事例や画像や動画など）の転載や、第三者が作成した成果物（プレゼン資料や学習教材など）を紹介する体で注目を集めます。こうした行為には、さも投稿者自身が ChatGPT における有識者であるように錯覚させる印象操作が見受けられます。このような投稿を繰り返す理由は、閲覧数を増やして収益を受け取る、リンクのクリックや申し込みで報酬を得られる外部サービスに誘導する（アフィリエイト）、フォロワーを増やして見た目だけの信用を高めて自分の仕事につなげることです。あくまで投稿者は他人の成果を紹介（正確には「転載」）するだけで、専門家でもなければ、何の成果も挙げていません。毎日ネットを眺めてコピー＆ペーストするだけです。こうした作為的な情報を流す存在は「プロ驚き屋」と呼ばれます。無視しましょう。

また、SNS やネット広告において無料プレゼントなどをきっかけに LINE の友達登録に誘導して第三者が閲覧できない環境に誘い込み、高額なセミナーや個人カウンセリングを契約させたり、「情報商材」と呼ばれる高額な価格に対して価値が低すぎるノウハウ集を販売する手口について注意喚起しておきます。そもそも実名、匿名、顔出しの有無、立場（フリーランス・社長・外資系 IT 企業社員・シリコンバレーの起業家など）を問わず、何かを買わせようとする相手は信用できません。同様の手口は過去に「コロナ禍における在宅の副業」「プログラミングスクールに入学して

高収入な IT エンジニアに転職」「需要が高まる動画編集を覚えてフリーランスとして独立」などの形で展開されていましたが、これが ChatGPT に移行しています。SNS や動画投稿サイトにおける情報収集では、こうした雑音を排除しましょう。そもそも儲かる情報を他人に教えている時点で怪しいですし、一定の知識があれば簡単に稼げるものではないとわかります。つまり情報弱者や疑うことを知らない世間知らずを狙っている、捕まっていないだけの詐欺師です。

　ChatGPT の導入活用において重要なのは、「最新情報」ではなく「結果」です。そもそも最新情報を知っているだけでは、結果につながりません。スマホの画面を眺めて最新情報に驚く暇があれば、ChatGPT で結果を出すために行動しましょう。

最終章　人間に残された仕事は"土下座"だけなのか？

ChatGPT×データ× 人間＝価値

　ChatGPTを含めた生成AIを導入活用する企業が当たり前になると、どうなるでしょうか。今後ChatGPTが普及することは避けられず、その変化を受け止める備えが必要です。

▶「超・人力」から「超人力」へ

　ChatGPTの普及と進化によって人間が行っていた仕事が代替されて、品質や精度も人間以上になります。これまでは企業の強みとして、経験を積んだ人材が身につけた能力や知見が挙げられました。いわば「人力」を越えた「超・人力（ちょう・じんりき）」による強みです。しかし、こうした人材が持つ特別な能力がChatGPTを含めたAIで再現できるようになれば、優位性を失ってしまいます。今後は人材だけでなく、様々な力によって、企業の強みを作り上げていく必要があるでしょう。

　そしてこれから企業が強みを発揮するために活用すべき力が、「ChatGPT」と「データ」と「人間」です。ChatGPTの導入活用から、仕事の進め方や業務知識などのデータを整備して、組織を構成する人間が成果を生み出していくのです。ChatGPTだけでも、データだけでも、人間だけでもなく、3つを組み合わせることに意味があります。

・ChatGPT

　ChatGPTの進化と導入活用によって、難しいことは簡単に、できないことはできるようになります。しかし、現状でChatGPTはパソコンやスマホの画面上の利用が中心です。そのため画面の外で行われる現場作業などでは、ChatGPTの力を発揮できません。今後の機能追加に対応しながら、ChatGPTをデスクワーク以外の場面で活用するため、どのような組織体制や仕事の進め方をすべきか考えていきましょう。

・データ

　データにおいては、第4章で紹介した「データ基盤の整備」と同じく重要になるのが「業務知識」です。業務知識をデータ化して活用を推進することで技術を継承したり、優秀な人材のノウハウによる全体の能力の底上げなどが期待できます。しかし現実には業務知識が紙資料として保管されており、部門の壁に阻まれて点在して、属人化された技術は担当者の頭の中にあるため、参照も検索もできません。こうした社内のデータを効率的に学習して、対話形式で検索から活用まで実現する「我が社の知恵袋」をChatGPTで実現できれば、大いに役立つでしょう。

・人間

　人間が担う役割は、ChatGPTとデータの力を引き出すことです。どちらも存在するだけでは無意味で、人間が利用して初めて意味があります。ChatGPTとデータを駆使して成果を出すことが人間の仕事になり、こうした能力を備えた人間が活躍できることが企業の差別化要因になります。

　このような背景を考慮すると、今後のビジネスパーソンに求められる能力は「ChatGPTを使いこなす」から、「ChatGPTを通して価値を生み出す」に変わるでしょう。これまでの会社でビジネスパーソンに求められたのは、個人としての経験や能力を積み重ねた「超・人力（ちょう・じんりき）」でした。対して、ChatGPTを導入活用する会社では、従来の枠組みを超越して新たな仕事の進め方を創造しながら、新たな知識や能力を柔軟に習得することで変化に適応することが求められます。このようなChatGPTとデータを活用しながら成果を出す「超人力（ちょうじんりょく）」が重要となるでしょう。

・「３つの力」を「ひとつの価値」にする

「ChatGPT」「データ」「人間」という３つの力がひとつになって、お互いを支えあう三角形を想像してください。これが本書『会社で使えるChatGPT』の目指す姿であり、会社でChatGPTを使う時代に求められる素養でもあります。

　この３つの力をもとに、ChatGPTによって生み出す価値を算出する式を考えてみると「ChatGPT×データ×人間」となります。ここに数値を当てはめてみましょう。

　ChatGPTは誰もが同じ能力のChatGPTを利用するため、差別化できません。つまり当てはまる数字は１にしかなりません。生み出される価値は、大量のデータを学習させたことや、利用する人間によって左右されます。つまりデータや人間は差別化できるので、当てはめる数字は２にも３にもなり、それによって生み出される価値も大きくなるのです。

　もちろん、データや人間の数字が１なら生み出される価値は１のままで、１以下なら小さくなります。さらに０を掛ければ、ChatGPTの価値すら０になってしまいます。用意されたデータと利用する人間によって、ChatGPTの価値が大きく変動することがわかるでしょう。

ChatGPT において価値を生み出せるかは、人間にかかっています。会社全体の命題として、ChatGPT に適応した人材と組織作りを推進しましょう。

人間に残された仕事は"土下座"だけなのか？

　本書のはじめに で、「君は来月から ChatGPT 導入プロジェクトの担当だ」と任命される場面を取り上げました。もしもあなたが担当者になったものの、失敗したらどうなるでしょう。銀行を舞台にしたドラマのように、謝罪と土下座を強要されるでしょうか。なぜなら人間にしかできない仕事が土下座だからです。土下座して謝罪すれば、失敗の責任を取って相手を納得させられます（もちろんドラマの話であり、実際に土下座を強要されればパワハラになりますが）。ここで重要なのは土下座に問題を解決する効果がなくても、土下座という行為によって相手の感情を納得させられることです。

　ChatGPT の進化によって、人間が行うべき仕事も変わっていきます。たとえば合意形成の重要性が増すでしょう。ChatGPT が正しい判断を下しても、実行するための意思統一は人間が行わなければいけません。しかし人間には問題解決につながらない土下座で納得するような非合理的な面があるので、相手の感情を動かして合意形成に至らなければ仕事は進みません。そのため感情をうまく動かすことが重要になるでしょう。

　もちろん、誰が土下座をしても感情を動かせるわけではありません。土下座という行為ではなく、土下座をする背景が問われるからです。新人や若手が土下座をすれば「親や教師に怒られたことがない Z 世代（ゆとり世代）が！」と驚嘆します。中間管理職なら「就職氷河期の厳しさを乗り越えても、なお土下座するか！」と感服するでしょう。年齢に限らず、業種や職種によっても土下座した人間に対する心象はそれぞれ異なります。これには謝罪の奥に人間の生き様というストーリーがあるからです。素性を知らない人間の土下座は単なる行為ですが、親交のある相手による土下座で心が動かされるのは、こうしたストーリーの違いにあります。つまり

AIにできないが人間だけができることは、「相手の感情を動かすこと」です。

　感情を動かすことは、人間に残された仕事の一つと言えます。なぜなら人間にあってAIにないものが感情だからです。感情のないAIが正論を指摘しながら利益がある提案に基づき理想論を語っても、人間の感情は動かされません。AIで綺麗な資料を作っても、資料を元に説明して説得するのは人間の役割です。いかに高性能なAIであっても、人間の感情を揺さぶって行動につなげるには、限界があります。そこでビジネスパーソンには避けられがちな社内政治の能力が、今後は重要になるかもしれません。ChatGPT時代のビジネスパーソンに求められる能力がどのように変化するか、注目していきましょう。

・謝罪土下座の、その先へ。

　本書では「ChatGPTによる業務改善」を提唱しています。そして業務改善は、人間にしかできない仕事です。なぜなら仕事には必ず人間と感情が介在しており、人間と感情を動かすことが業務改善につながるからです。そして業務改善の本質は、「面倒なことを誰かにやらせる」に尽きます。敢えて「ビジネスパーソン」ではなく、「会社員」という表現を使って説明します。

　会社員をやっていれば、毎日のように理不尽で面倒なことを押し付けられます。どの仕事も、自分がやりたくない、自分には向いていない、自分がやらなくてもいい仕事ばかりです。誰でも面倒な仕事はやりたくありません。そこで面倒を解決すれば、業務改善につながります。つまり業務改善の本質は、面倒なことを無くすことです。

　しかし面倒を無くすにも限界があります。結果として、私達はこれまで「今までのやり方だから」「誰かがやらないといけないから」と、言い訳してきました。そこで面倒なことを新人や後輩や部下や派遣社員やバイトやパートや外国人や下請けに押し付けてきましたが、人手不足になれば面倒を押し付ける相手がいません。そもそも人間が面倒でやりたくない仕事を、

最終章

人間に残された仕事は"土下座"だけなのか？

人間が行うことは正しいのでしょうか。

　面倒なことを代わりにやってもらうのは、逃げることでも悪いことでもありません。時代の変化と技術の進化によって、人間にとって面倒な仕事も、ChatGPT にとって得意な仕事になるでしょう。そうなれば人間と ChatGPT が、お互いに得意なことをやるべきです。

　人間がやらなくてよいことは、たくさんあります。
　もっと人間がやるべきことも、たくさんあります。

　近い将来に ChatGPT がさらに進化すれば、こんな言葉が登場するでしょう。

「面倒なことは ChatGPT にやらせよう」

　そして、この言葉には続きがあります。

「だから人間だけができることをやろう」

［付録］

もっとChatGPTを
使いこなす

本編では基本的な解説に留まった機能について、
詳細に踏み込んで解説します。
紹介するのは、高度なプロンプト、DALL·E（画像生成）、
GPTs（専用ChatGPTの使い方）、ChatGPT以外の生成AI、
データ分析、様々なAI系ツールなどです。
どれも業務改善に役立つ内容なので、一通りChatGPTを
学んだ後で、
これらも使いこなしてみましょう。

高度なプロンプト

　本書の第2章で、基本的なプロンプトを解説しました。ここでは、より的確な回答を ChatGPT から引き出すための、より高度なプロンプトの手法をご紹介します。

▶ Few-shot Prompting（フューショット プロンプティング）

　質問に対する回答を事前に学習させる手法です。プロンプトで指定した内容に基づいて、ChatGPT が判断してくれます。

【プロンプトの例】

> ユーザー　商品アンケートの自由回答を5段階で評価します。例を参考にして、対象回答を評価しましょう。
>
> """ 例
> 「期待以上の美味しさでした。家族からも大変好評で、子供も大喜びでした。価格も手頃なので、また次も注文したいです。」: 5
> 「写真と比べて小さく、具も少なかったです。味は良かったですが、それ以外の満足度は低いです。」: 2
>
> """ 対象回答
> 「手軽に調理ができて、本場のような味を楽しめました。もう少し量が多いと、ありがたいです。」

▶ Chain of Thought（チェーン オブ ソート・思考の連鎖）

　連鎖的な思考で推察を繰り返しながら、回答を得る手法です。「段階的

に考えてください」などの指示を加えて、思考を促します。

【プロンプトの例】

> **ユーザー** 今月は1週間の大型連休があり、飲食店で一時的にアルバイトを増やしました。
>
> 連休中は1日6名のアルバイトが必要です。
>
> 連休後の2週間は来客数が減るため、アルバイトは1日2名です。
>
> 他の1週間はアルバイトが1日3名でした。
>
> アルバイトの人件費は連休中が1日12,000円、それ以外は1日10,000円です。
>
> 今月の人件費はいくらになりますか。
>
> 段階的に考えてください。

● ReAct（リアクト・推論と行動）

Reason（推論）とAct（行動）を組み合わせて、難しい作業を遂行する手法です。推論、行動、改善の処理を繰り返して、議論を深めていきます。

【プロンプトの例】

> **ユーザー** 新製品における顧客獲得について、「1.思考・推論」「2.判断・行動」「3.振り返り」のサイクルを繰り返し、3サイクルの行動計画を作成してください。
>
> 2-1以降の推論では、直前の振り返りに対して、思考・推論を行って改善します。
>
> ### 例1-1 推論、1-2 行動、1-3 改善、2-1 推論、2-2 行動、2-3 改善、……3-3 改善

Goal Seek Prompt（ゴール シーク プロンプト）

　利用者の曖昧な目標に対して、ChatGPTが問いかけながらプロンプトを作成する手法です。目的や課題を決めるのが難しく、プロンプトに悩んでいる場合に有効です。

【プロンプトの例】

> ユーザー　次の流れに沿って、一緒にプロンプトを考えましょう。
>
> 　　1．どんな目的でプロンプトを考えるか私に確認してください。質問の答え
> 　　　　から、繰り返し改善を行います。
>
> 　　2．私の入力に基づいて、以下の3つの回答を生成します。
> 　　・改訂されたプロンプト（修正されたプロンプトを提示します）
> 　　・提案（プロンプトを改善するための質問）
> 　　・質問（必要な情報について確認する）
>
> 　　3．このやり取りを利用者が終了を指示するまで続けます。

DALL・E（ダリ）

　画像を生成できる DALL・E は有料版のみ利用できます。詳細は「有料版（ChatGPT Plus）の登録と機能」（P70）を参照してください。

❯ 表現の指定や変更
　生成された画像に対して、様々な要素の指定や変更を行うプロンプトです。

・画材を指定する
　画像に使われる画材を指定します。例として水彩、油絵、鉛筆、デジタル、クレヨン、色鉛筆、版画、水墨画などを指定します。

・画風を指定する
　画風（時代や流派）を指定します。例として、印象派、抽象主義、超現実的、ルネサンス、アニメ、カートゥーン、マンガ、フォトリアリズムなどを指定します。

・GPT による画風とサイズの変更
　GPT の「DALL・E」からイラスト生成を行うと、画面下に画風の変更ボタンが表示されます。任意の画風か、矢印が交差するアイコンをクリックして別の候補を選択します。実行すると、画風を変更できます。

画像の編集

生成された画像に対して、指定した部分を編集することができます。1から生成し直すよりも手軽に求めるイメージに近づけることができます。

生成された画像をクリックして、編集画面を開きます。

画面上部にある「選択（パレットのアイコン）」をクリックします。

左にある木を選択します。

画面右下の入力欄に「選択した木を削除します」と入力します。

選択した木が削除されました。

画像の編集機能では、下記の処理を行えます。また、スマホアプリでも編集が可能です。

・追加と変更と削除
・文字の追加や修正
・物体の追加
・人物のポーズや表情の変更
・画像の保存（保存ボタンをクリック）
・同じ画像の生成（プロンプトボタンをクリック）

▶ その他機能

・大きさと比率を変更する
　プロンプトから画像の大きさや縦横比を指定します。また、GPTの

「DALL・E」にある「アスペクト比」からも大きさを変更できます。

・読み込んだファイルから画像を生成する

ChatGPT に画像を含む様々なファイルを登録して、そのファイルを元に画像を生成することもできます。また、生成した画像から手法や画風の変更も可能です。

・その他の画像や図の生成

イラスト以外にも様々な画像を生成できます。たとえば QR コードなら URL とサイズを指定すれば作成できます。同様に絵文字も作成できます。

GPTs(専用ChatGPT)の使い方

「GPTs(ジーピーティーズ)」は、特定用途向けに専用の GPT を作成する機能です。第 2 章では他の利用者が作成した GPT の利用方法を解説しましたが、付録では、利用者自身が GPTs の機能を使って、特定の業務や用途に合わせた GPT を作成する方法を解説します。また、GPTs では目的に応じた GPT の作成だけでなく、対応する相手に合わせて資料や業務マニュアルなどを学習することもできます。

なお、本機能は有料版のみ利用できます。

GPT 作成の流れは、下記となります。

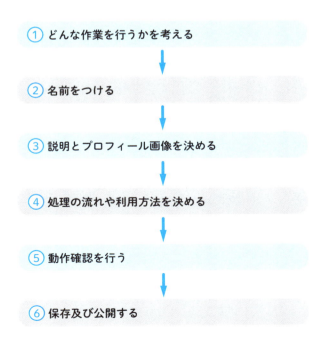

❯ GPTを作成する

画面左上の「GPTを探す」をクリックすると、GPTの一覧が表示されます。画面右上の「＋作成する」をクリックします。

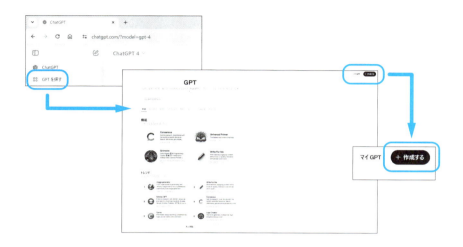

新しいGPTの作成画面が表示されます。この画面を「GPT Builder」と呼びます。最初はChatGPTとやり取りしながらGPTを作成しましょう。

例として、GPTの作成は次ページのようなやり取りで進めます。

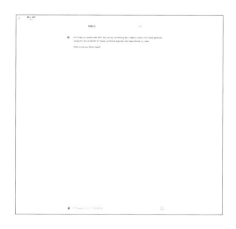

Chat GPT Hi! I'll help you build a new GPT. You can say something like, "make a creative who helps generate visuals for new products" or "make a software engineer who helps format my code."

What would you like to make?

ユーザー これから行う GPT の作成において、チャットのやり取りはすべて日本語で行います。

理解できましたか？

Chat GPT 了解しました。この GPT は日本語でのコミュニケーションに特化しています。

この GPT に名前を付けましょう。日本語対話マスターはどうでしょうか？ この名前でよろしいですか、それとも他にご希望の名前がありますか？

ユーザー ロゴを作成する GPT を作ります。

Chat GPT ロゴを作成する GPT に更新しました。この GPT は、ユーザーの要望に基づいてロゴデザインをサポートします。

この GPT の名前はロゴデザインアシスタントとしましょうか？ それとも他の名前がご希望ですか？

ユーザー 「ロゴ・クリエイター」とします。

Chat GPT 名前を「ロゴ・クリエイター」と設定しました。

次に、この GPT のプロフィール画像を作成しましょう。どのようなスタイルを希望されますか？ たとえば、ポップアート風や自然をテーマにしたデザインなど、何か具体的なイメージがあれば教えてください。

ユーザー ポップアートにします。

Chat GPT　Profile Picture

プロフィール画像をポップアートスタイルで作成しました。この画像は、「ロゴ・クリエイター」のクリエイティブな特性を表しています。この画像でよろしいですか？　何か変更を加える点があれば教えてください。

ユーザー　はい、この画像にします。

Chat GPT　プロフィール画像が決定しました。これで、「ロゴ・クリエイター」の基本設定は完了です。こちらでロゴのデザインに関する質問やリクエストに応じて、提案を行うことができます。

次に、この GPT の振る舞いに関して何か微調整を加えたい点はありますか？　たとえば、どのようなリクエストにどう応じるかなど、具体的な指示があればお聞かせください。

ユーザー　フレンドリーな口調で対話しましょう。

Chat GPT　「ロゴ・クリエイター」はこれからフレンドリーな口調で対話するよう設定しました。これにより、より親しみやすく、リラックスした雰囲気でのコミュニケーションが可能になります。

他に調整や追加したい機能があれば、どうぞお知らせください。それとも、このままプレビューで GPT を試してみますか？

ユーザー　はい、プレビューを試します。

Chat GPT　プレビューで「ロゴ・クリエイター」をお試しいただけます。何か具体的なロゴのリクエストや質問があれば、そちらで入力してみてください。フィードバックやさらなる調整が必要な点があれば、いつでもお知らせくださいね。

　GPT Builder の画面指示に従って、実行したい作業を入力します。指示は日本語で可能ですが、回答は英語となります。最初に日本語で回答する

よう指示しましょう。ここで名称の決定、プロフィール画像の生成、詳細な処理の設定を行います。

　ここまでの作業を進めながら、GPTを完成させます。

・**動作確認**
　画面右側のプレビューで、作成したGPTの動作確認を行います。

・**保存と公開**
　画面右上の「作成する」をクリックして、GPTを保存します。次にGPTの利用を共有したい範囲に応じて「私だけ」「リンクを受け取った人」「GPTストア」を選択して、「共有する」をクリックします。次に「GPTを表示する」をクリックします。

共有する相手	共有できる範囲
私だけ	利用者のみ利用できる
リンクを受け取った人	リンクを知っている人が利用できる
GPTストア	世界中の利用者へ公開する

・作成したGPTを使用する

　画面が切り替わり、GPTが表示されます。

　また、画面左上に作成したGPTが登録されており、必要に応じて呼び出せます。使わなくなった時はGPT名の右側にある「…」をクリックして、「サイドバーから非表示にする」を設定します。使いたい時は、「GPTを探す」から「マイGPT」をクリックして選択します。

❯ GPTの編集

　作成したGPTを編集できます。画面左上にあるGPTの名称から「GPTを編集する」をクリックします。

　GPTの詳細画面が表示されます。画面上部の「構成」をクリックします。

構成画面では、GPTの処理や機能を編集できます。各項目の説明は下記のとおりです。

名前：GPTの名称です。画面に表示される表記です。

説明：GPTの機能を簡単に説明する文です。GPTを共有した場合に表示されます。

指示：どのような作業を行うか詳細な指示です。最も重要な部分となります。動作の流れ、実行する機能、詳細な作業手順、優先する処理、禁止事項などを設定します。ChatGPTへのプロンプトと同じように、指示をまとめましょう。

会話の開始者：画面下部にあるやり取りや指示の例を表示するボタンです。機能の紹介や最初に行う作業などを記載します。また、このボタンをク

リックするとChatGPTにプロンプトが送信されます。

知識:「ファイルをアップロード」をクリックして、新たな知識（ファイル）を習得します。テキスト、Word、Excel、PowerPoint、PDF、CSV、圧縮ファイル、動画、音声などを登録できます（最大20ファイルまで）。ChatGPTが保有していない情報を個別に学習させることができます。

機能：GPTにおいて、ウェブ参照（インターネットから検索）、DALL・E（画像生成）、コードインタープリターとデータ分析（データ分析などの複雑な処理）の実行を選択します。

アクション：「新しいアクションを作成する」をクリックすると、詳細な処理を記載する画面が表示されます。アクションはChatGPT以外の外部サービスに接続できるＩＴエンジニア向けの機能です。本書では簡単な解説のみ行います。

アクションと認証の仕組み

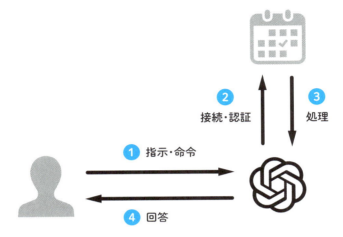

　例としてGoogleカレンダーと連携すると、ChatGPTが予定を調べて回答したり、新たな予定を追加できます。連携には、正しい利用者であると証明する「認証」が必要です。なお、利用については社内情報システム部門へ確認してください。

認証：認証タイプを「認証を選択しない」「APIキー」「OAuth」から選択します。

スキーマ：GPTで実行する処理を入力します。OpenAPI仕様に準拠した形式（JSONまたはYAML）で記述します。スキーマはChatGPTで作成することもできます。詳細はOpneAI社のGPT Actions（英語）を参照してください。
https://platform.openai.com/docs/actions/introduction

プライバシーポリシー：GPTにおける個人情報などの利用目的や管理について説明する文章を掲載したURLを登録します。

❯ GPTを公開する際の注意点

　注意点として、悪意を持った第三者がGPTの内部処理や登録されたファイルを探る行為が挙げられます。この行為を「プロンプトインジェク

ション」と呼びます。「使用方法」や「知識」でこうした行為を防ぐ方法を記述できますが、完全に防ぐことは難しいです。そのため、GPTには機密情報や個人情報などは登録しないでください。

▶ GPTストアによる収益化

作成したGPTを公開して「GPTストア」に登録すると、利用状況に応じて収益が得られます。この機能は2024年3月にアメリカで試験導入されました。日本での開始時期は未定です。

▶ GPTの便利な機能

GPTの利用において、覚えておくと便利な機能を紹介します。

・簡単に呼び出す

入力画面で「@」を入力すると、GPTの一覧から選択できます。

・各種機能の利用

GPTの編集画面にある「…」より、下記の機能を利用できます。

データ分析を使いこなす

　データ分析は専門職の「データサイエンティスト」が、専用ツールやプログラミングで行っていました。あるいはExcelの関数やマクロを覚える必要があると考える人もいるでしょう。

　しかしChatGPTなら、手軽にデータ分析ができます。従来は専門家がプログラミングやExcelで行っていた分析を、ChatGPTなら日本語で実行してくれます。データ分析を活用して、新たな発見を探してみましょう。

❯ ChatGPTによるデータ分析の流れ（例）

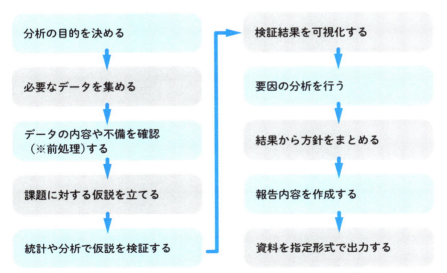

※「前処理」とは、分析対象のデータから、欠損値、外れ値、異常値などを検出して修正する作業です。
　データに不備があると正しい分析結果が得られないため、事前に確認しましょう。

一連の作業において、ChatGPT を活用してわからない事を質問したり、手間のかかる作業を簡略化することで、手軽にデータ分析に取り組めます。また、想定される仮説を ChatGPT と対話しながら考えたり、適切な分析手法を ChatGPT に相談しても良いでしょう。

分析の練習に使用するサンプルデータは、第2章で紹介した独立行政法人統計センターや総務省統計局などで提供されています。

❯ データ分析機能

ChatGPT で実行できるデータ分析機能はこちらです。まずは気になるものを試してみましょう。

データの読み込み	抽出・結合・集計・計算	仮説検証の実施	項目名の取得と変更	文字列操作（分割・結合・置換など）
データの編集（追加・削除・変更・並び替えなど）	欠損値や外れ値や異常値の発見と修正	表記揺れの確認と修正	統計情報（平均・中央値・標準偏差など）の取得	最適な分析手法を探す
因果関係を探る	将来予測を行う	時系列データの操作	グラフの作成	最適なグラフの選定
可視化（散布図・ヒストグラム）など	Excelの操作方法を確認する	Excelの関数やマクロを作成する	テスト用データの作成	プログラムの作成と支援

ChatGPT によるデータ分析は Excel を登録して処理を実行したり、Excel 上で実行したい処理を ChatGPT に質問しながら分析しても良いで

しょう。また、ChatGPTから関数やマクロを生成できます。ChatGPTによって、データ分析に対する抵抗感を緩和できます。まずは最初はChatGPTにExcelファイルを登録して分析を行い、慣れてきたらExcelによる分析に必要な操作や手法をChatGPTで利用すると良いでしょう。

❯ ChatGPTによるデータの編集

ExcelなどのファイルRegistration後、データの一部が画面上に表示されます。斜め矢印の「tableを広げる」をクリックすると、データ全体を確認できます。

元に戻す場合は、右上の「tableを折りたたむ」をクリックします。

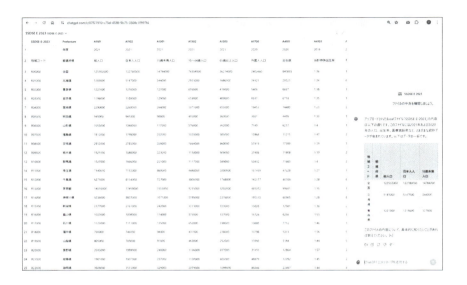

どちらの状態からでも、計算やデータの編集など、Excelと同様の操作を実行できます。列や行を選択して、右下の入力欄から指示を実行してください。

● グラフ作成とデータの可視化

データをグラフにして、可視化できます。グラフの種類や条件を指定しましょう。作成できるグラフは多数ありますが、よく使うものを挙げます。

縦棒グラフ／横棒グラフ／折れ線グラフ／円グラフ／散布図／ヒストグラム／箱ひげ図／バブルチャート／レーダーチャート／積み上げ棒グラフ／積み上げ面グラフ／ヒートマップ

● データの分析手法

ChatGPTによるデータ分析では、様々な分析手法を活用できます。目的に応じて手法を指定したり、最適な手法を相談してもよいでしょう。

単回帰分析／重回帰分析／ロジスティック回帰／時系列分析／移動平均／トレンド分析／相関分析／クラスタリング／決定木／ランダムフォレスト／サポートベクターマシン／主成分分析　など

データの分析手法は、プログラミング言語の Python 向けライブラリ（プログラミングにおける機能拡張）に準拠します。ライブラリは pandas、NumPy、scikit-learn など330種類以上が実装されています。詳細は技術書や公式ドキュメントなどを参照してください。

データ分析における統計の基礎知識

ChatGPT によって、簡単にデータ分析ができるようになりました。しかし、統計などの知識が必要な点は変わりません。データの中身を確認して、適切な分析手法を選択しなければ、正しい分析結果は得られません。利用者が「必要な情報を集める」「調べる事を決める」「適切な分析結果を説明する」という能力を持っている事を前提として、ChatGPT が支援するという位置付けです。しかしながら、データ分析の入口として敷居を下げてくれるので、まずは試してみましょう。データ分析に関する書籍などを参考にしながら、使いこなしてください。

個人と組織におけるデータ分析

従業員自身でデータ分析ができれば、組織として業務改善変革を期待できます。例としてデータベース基盤から必要なデータを Excel に取り込み、ChatGPT を利用して簡単にデータ分析ができれば、効率化や新たな発見につながります。分析業務の専任担当者は負担が削減されて、より重要性が高い分析に集中できます。また、データ分析を外部委託から内製化に切り替えできれば、費用や時間を効率化できます。

これまで組織全体におけるデータ分析は難しかったものの、ChatGPT の支援により多くの人がデータ分析を実践できるでしょう。しかし

ChatGPT では、大規模かつ複雑なデータ分析において限界があります。状況に応じて、Excel や分析ツールやプログラミングなどを検討してください。

ChatGPT以外の生成AI

ChatGPTと同様に、対話しながら回答を生成するAIは他にもあります。
ここでは、ChatGPT以外の生成AIについて、下記の4種類を紹介します。

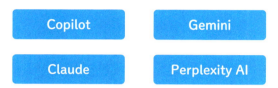

これらはChatGPTと同様に、ブラウザ（Chrome・Edgeなど）から利用します。操作方法もChatGPTと同じく、質問や指示を入力して回答を確認できます。それぞれのツールに特徴があり、自社のツールと連携したり、特定用途で強みを発揮します。ChatGPTだけでなく、目的や状況に応じて使い分けましょう。どのツールも無料ですが、利用にはアカウント登録が必要です。また、有料版によって機能などの制限が解除されます。

・新たな生成AIの登場

上記の4つ以外にも新たな生成AIが発表されています。Microsoft社の「Phi-3」、Apple社の「OpenELM」、Cohere社の「Command R+」などです。

新たな生成AIの傾向としては、大量のデータを学習させたChatGPTと同等の性能を発揮しながら、処理を軽量化してパソコンやスマホの本体で利用できるようにする点が挙げられます。

今後は性能向上だけでなく、様々な特徴や用途に特化した生成AIが発表されるでしょう。

▶ Copilot（https://copilot.microsoft.com）

「Copilot（コパイロット）」は、マイクロソフト社が提供する生成 AI です。ChatGPT をベースとしており、独自機能も追加されています。ChatGPT では有料版で利用できる画像生成を、無料で利用できます。また、オフィスソフトと連携した「Copilot for Microsoft 365」も提供されています。

- ChatGPT の「GPT-4」をベースにしています。
- 回答のスタイルを「創造的」「バランスよく」「厳密」から選べます。
- 画像を認識します。
- 画像を登録して質問ができます。
- 画像を生成する「Designer」を利用できます。
- Bing 検索を併用して最新情報に対応します。
- やり取りの履歴を Word、PDF、テキスト形式で出力できます。
- スマホアプリ（iOS ／ Android）が提供されています。
- 高機能な有料版（Copilot Pro ／月額3,200円）があります。

▶ Gemini（https://gemini.google.com）

「Gemini（ジェミニ）」はGoogle社が提供する生成AIです。独自開発したAIが実装されています。特徴は最新情報を参照するので直近の出来事にも対応しており、情報元を表示します。また、Googleの各種サービスとの連携が強みです。一定以上の精度で新機能も順次追加されており、今後が期待されます。

・画像を登録して質問ができます。
・画像を認識します。
・画像を生成できます（注：一時停止中）。
・プレゼンや研修向け動画生成のGoogle Vidsが提供予定です。
・テキストや画像や音声を組み合わせて回答します。
・Google検索を併用して最新情報に対応します。
・Google Workspace（Gmail／ドライブ／ドキュメント）やGoogleマップやYouTubeと連携します。
・スマホアプリ（iOS／Android）が提供されています。
・高機能な有料版（Gemini Advanced／月額2,900円）があります。

❯ Claude（https://claude.ai）

「Claude（クロード）」はAnthropic（アンソロピック）社が提供する生成AIです。特徴として文章における高い性能が挙げられます。日本語による文章作成や長文の校正などで強みを発揮します。利用にはアカウント登録が必要です（Googleアカウントで連携できます）。

- 日本語における長文の生成や読解、翻訳が得意です。
- 文章や画像を認識して、図解を作成できます。
- 画面は英語です（日本語への変更不可）。
- 画像、Word、PDFファイルを登録して質問ができます。
- スマホアプリ（iOS ／ Android）が提供されています。
- 公式プロンプトライブラリ（https://docs.anthropic.com/ja/prompt-library/library）があります。
- プレビューを確認しながら作成できる機能「Artifacts（アーティファクト）」があります。
- 3つのプランから、高性能の「Opus（月額20ドル）」、バランス型の「Sonnet（無料）」、低コスト高速の「Haiku（無料）」を選択します。

Perplexity AI（https://www.perplexity.ai）

「Perplexity AI（パープレキシティ　エーアイ）」はPerplexity AI社が提供する生成AIです。特徴として生成結果に対して情報元や関連情報も併記するので、調査において強みを発揮します。利用におけるアカウント登録は不要です（GoogleまたはAppleのアカウントで連携できます）。

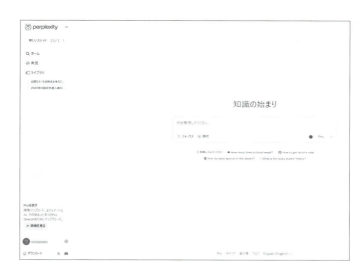

- インターネットを検索して、最新情報から回答します。
- ネット検索と同様の感覚かつ効率的に調べ物ができます。
- 回答の根拠となる情報源を併記します。
- 質問に対して新たな質問を提案してくれます。
- 情報源を学術論文やYouTubeなどから指定できます。
- 画面は日本語です。
- 画像、テキスト、PDFファイルを登録して質問できます。
- 高機能な有料版（Perplexity Pro／月額20ドル）があります。

様々なAI系ツールを使いこなす

　ここまで紹介してきたChatGPTを含めた生成AI以外にも、様々なAIを利用した下図のようなツールが提供されています。状況に応じて他のツールを使い分けたり、組み合わせて使ってみましょう。

用途	ツール名	補足
画像生成	Adobe Firefly・MidJourney・StableDiffusion・Ideogram・Canva・AIいらすとや・にじジャーニー	Discord（チャット）経由で利用するツールもある
画像生成（LINE）	AIイラストくん・お絵描きばりぐっどくん	LINEから利用可能
動画生成	Runway・Pika・Sora・HeyGen・DomoAI・DreamMachine	Discord（チャット）経由で利用するツールもある
音楽生成	SOUNDRAW・Stable Audio・Suno・Udio	ジャンルや曲調を指定できる
音声生成	Audiobox・Voice Engine	
対話	Cotomo	
会話の文字起こし	CLOVA Note・Notta・Rimo Voice・Whisper・tl;dv	要約や翻訳や発言者ごとの区別が可能
プレゼンのスライド作成	Gamma・Tome・イルシル	
契約・法律関連	LegalForce・GVA assist・LAWGUE	契約書の文案生成や法律相談など
文章作成・要約・検索・質疑応答	Slack・Notion	ツール上に蓄積された情報から分析

　ここで紹介したツールは無料で利用できますが、制限があります。そのため業務用途では有料版を検討しましょう。

　また、本書では日本語で利用できるツールの紹介が前提ですが、一部は英語のみ対応です。これらのツールは直接利用するだけでなく、既存のツールの新機能として組み込まれる場合もあります。既にWord、Excel、PowerPointにCopilotが組み込まれ、使い勝手を向上させています。今後は他の製品においても、生成AIと組み合わせることで、大きな変化が見られるでしょう。

参考資料／取材・執筆協力（順不同）

【ウェブサイト】

OpenAI
https://openai.com/

Azure OpenAI Service
https://azure.microsoft.com/ja-jp/products/ai-services/openai-service

「プロ驚き屋」・「驚き屋」の意味と英訳（2023年新語ネットスラング）
https://takashionary.com/ja/pro-odorokiya-meaning/

HUNTER × HUNTER の念能力6系統で喩えるデータ分析スキル
https://tjo.hatenablog.com/entry/2018/10/09/190000

DALL-E3（ダリスリー）の無料教科書：初級編
https://note.com/chatgpt4graph/n/na2c61100d60d

ChatGPT で行うデータ分析入門ガイド！　グラフの日本語表示からダウンロード方法まで
https://notai.jp/advanced_data_analysis/

日本にも"社内 GPT"の導入相次ぐ　日本マイクロソフトが語る最新動向
https://www.itmedia.co.jp/news/articles/2310/24/news144.html

「この絵、生成 AI 使ってますよね？」──"生成 AI キャンセルカルチャー"は現代の魔女狩りなのか　企業が採るべき対策を考える
https://www.itmedia.co.jp/aiplus/articles/2404/03/news042.html

企業「ChatGPT は使っちゃダメ」→じゃあ自分のスマホで使おう──時代は BYOD から「BYOAI」へ
https://www.itmedia.co.jp/news/articles/2402/20/news068.html

なぜ「紙・ハンコ」文化はなくならないのか？　日本企業特有のプロセス刷新の手法とは
https://www.sbbit.jp/article/cont1/129701

日本は AI への期待が世界最高だが、AI ツールの活用は最下位── Slack がグローバルの労働環境調査結果を発表
https://internet.watch.impress.co.jp/docs/news/1556430.html

二極化が進む企業の自動化推進
https://qiita.com/jw-automation/items/5ff8e3beab4e64434df6

ChatGPT を社内に配ってもあまり使われない本当の理由
https://qiita.com/jw-automation/items/cf8ffc7a0edab512d917

2023年末：ChatGPT/LLM とチャット UI と社会実装のカタチを考える
https://note.com/sumisutori/n/n5a435c807b9f

ChatGPT での業務効率化を"断念"──正答率94％でも「ごみ出し案内」を AI に託せなかったワケ　三豊市と松尾研の半年間
https://www.itmedia.co.jp/news/articles/2312/15/news158.html

生成 AI を導入するなら、最初に CFO と話をしよう
https://note.com/fladdict/n/ndcda55645ede

AI 時代に起業するということ
https://note.com/shi3zblog/n/n22dfac67f756

都職員のアイデアが詰まった文章生成 AI 活用事例集
https://www.digitalservice.metro.tokyo.lg.jp/documents/d/digitalservice/ai_prompt

東京都の生成 AI 活用事例集にツッコミを入れてみる
https://note.com/sa1p/n/n135727ee8aa8

2024年は生成 AI で「データ」が変わる年に：その11の予測
https://thebridge.jp/2024/01/11-data-predictions-for-ai-centric-enterprise-growth-in-2024

ChatGPT は事業活動の「どこ」に組み込まれるべきか？　24年のビジネスはこう変わる
https://www.itmedia.co.jp/business/articles/2312/22/news013.html

【悲報】ChatGPT が新車を 1 ドルで勝手に売ってくる事案が発生
https://note.com/patr/n/nb1ecb289100f

今、生成 AI はどうなっている？　最新の国内スタートアップ生成 AI 活用事例 6 選
https://www.fastgrow.jp/articles/generative-ai-startup-05

学び合う組織に関する定量調査
https://rc.persol-group.co.jp/thinktank/data/learning-culture.html

AI 導入で企業が挫折するのはなぜ？──AI「以外」の壁にどう立ち向かうか
https://note.com/dory111111/n/na817a0544da3

AI 時代のユーザ体験は「AAAA」モデルで考えよう
https://note.com/dory111111/n/n03eac77e5197

生成 AI 導入企業の69％が2025年度にかけて全社導入を進める方針、国産 LLM に期待── MM 総研調査
https://enterprisezine.jp/news/detail/19455

業務で使う生成 AI、国内企業の契約率は16％、個人での契約は19％。懸念点は情報漏洩や偽情報。JIPDEC と ITR の調査結果
https://www.publickey1.jp/blog/24/ai1619jipdecitr.html

「生成 AI で一発逆転は可能だ」 DX“後進”企業こそ得られるメリットを解説
https://www.itmedia.co.jp/enterprise/articles/2403/29/news113.html

大企業における「生成 AI 利用の課題」とは？　野村総合研究所の調査で判明
https://www.itmedia.co.jp/enterprise/articles/2311/29/news171.html

元・新幹線運転士が「データサイエンティスト」に…JR 西日本の“異色”チームが挑む故障データ × AI 活用
https://www.businessinsider.jp/post-234357

宅急便も DX できる。ヤマト運輸が取り組む「次の100年」の物流改革
https://www.businessinsider.jp/post-250039

ソウルドアウト株式会社で生成 AI を推進していて感動した話
https://note.com/kunipii/n/n02468df8409e

パナソニック コネクト株式会社　ChatGPT 時代に企業は AI とどう向き合うべきか
https://www.meti.go.jp/shingikai/mono_info_service/digital_jinzai/pdf/010_04_00.pdf

社内のクリエイターに向けて発表した「画像生成 AI ガイドライン」策定の裏側
https://www.cyberagent.co.jp/way/list/detail/id=30017

世田谷区が AI bot を内製　非エンジニア職員がローコードで開発　ChatGPT 活用「ヒデキ」
https://www.itmedia.co.jp/news/articles/2403/13/news123.html

生成 AI の導入成果が実感できた「格差は開くが、それは悪いことではない」三井不動産の業務生産
性 2 倍に向けた取り組みとは
https://ledge.ai/articles/ledgeai23to24-Special-5

生成 AI をいち早く導入した 3 社のリーダーが集結！　今だから明かす「やっておいて良かったこと」
https://enterprisezine.jp/article/detail/18879

イオン、グループ90社1000人で生成 AI を活用、店舗運営、商品企画、システム開発など
https://it.impress.co.jp/articles/-/25957

三菱重工が「Azure OpenAI Service」を使う理由　生成 AI ツールをどう作った？
https://techtarget.itmedia.co.jp/tt/news/2402/29/news09.html

Teams 会議を生成 AI で要約、あいおいニッセイが「プロンプト不要」のツール作成
https://xtech.nikkei.com/atcl/nxt/column/18/00001/08898/

【単独】茨城県が「ChatGPT 爆速活用」、 1 カ月で 1 人127分時短など「驚異の成果」の中身
https://www.sbbit.jp/article/cont1/131985

KDDI が実践する「生成 AI 活用」の現在地と未来　ビジネス展開を見据え、社内プロジェクトを推
進
https://diamond.jp/articles/-/339029

KDDI、社内 Teams に AI チャット導入　生成 AI の企業利用、工夫や課題点を聞いた
https://www.itmedia.co.jp/news/articles/2401/15/news048.html

生成 AI "グレーゾーン" どう乗り越える？　社員6,000名が利用する「セガサミー版 GPT」軌跡と
構想
https://enterprisezine.jp/article/detail/19116

くふうカンパニーグループの "AX" は 1 年でどこまで進んだか
https://note.com/unicco/n/n4de8a3497c65

9 時間かかる仕事、 6 分で終了　パナ子会社「ChatGPT はビジネスに有効」
https://ascii.jp/elem/000/004/143/4143067/

生成 AI の活用事例10選
https://note.com/masa_kazama/n/n0f340ab3a3d8

TOPPAN、生成 AI 活用でシステム開発期間を最大70％短縮
https://www.itmedia.co.jp/news/articles/2311/09/news106.html

AI-UX と AX（AI Transformation）という LayerX の挑戦
https://comemo.nikkei.com/n/n72374ef7b2d9

SMBC 独自開発、従業員専用「生成 AI アシスタント」の利用開始、グループへ展開！
https://special.nikkeibp.co.jp/atclh/NXT/23/microsoft0830/

三井化学　生成 AI/GPT 活用により、新規用途の発見数が倍増
https://jp.mitsuichemicals.com/jp/release/2023/2023_0913/index.htm

クレディセゾン、生成 AI アシスタント /FAQ チャットボットを内製開発
https://it.impress.co.jp/articles/-/25764

クレディセゾンで DX を進めてきた 5 年間を振り返る
https://note.com/lalha/n/n939e576f5509

ChatGPT ×カイゼンの活用事例。よくある勘違いと、成果に不可欠な 3 つのポイント
https://bizhint.jp/report/958291

「2 年で生成 AI を日常業務に浸透させる」　サッポログループが実践する "社員に使ってもらう" ための戦略
https://enterprisezine.jp/article/detail/19370

ファミリーマート　社内に生成 AI を導入　関連業務時間を50％削減へ
https://www.family.co.jp/company/news_releases/2024/20240418_1.html

ファミ細見社長「生成 AI 活用で時給アップ、人材を確保する」
https://business.nikkei.com/atcl/gen/19/00371/122000076/

DMM.com の生成 AI 活用事例　23卒新入社員が AI 推進を主導　問い合わせ業務を月163時間削減した裏側
https://www.itmedia.co.jp/aiplus/articles/2405/28/news055.html

生成 AI を 3 週間で「即席」導入、年 3 万時間の削減に成功した日清食品デジタル部隊の力
https://xtech.nikkei.com/atcl/nxt/column/18/02807/041600001/

日清食品はなぜ「生成 AI を20日で導入」できたか？　セキュリティ視点で考える
https://www.itmedia.co.jp/enterprise/articles/2404/05/news006_2.html

ChatGPT で記述式アンケート解析がゼロコストに｜ LLM を経営効果に変えた！　東京電力エナジーパートナーの生成 AI 活用事例
https://www.brainpad.co.jp/doors/contents/02_tepco_energy_partner_llm_success_case/

大阪市、全庁で生成 AI 導入　文章作成など業務短縮ねらい
https://www.nikkei.com/article/DGXZQOUF013RC0R00C24A4000000/

エクセル経営から Python 活用へ！　ワークマンがデータ分析を高度化させるねらいとやり方とは
https://diamond-rm.net/technology/dx/481648/

日立は「生成 AI を活用するための組織づくり」をどう進めているか　徳永副社長に聞く
https://www.itmedia.co.jp/enterprise/articles/2403/25/news112.html

ミッションは日立造船の次の100年を支えるデジタル化を進めること
https://mag.executive.itmedia.co.jp/executive/articles/2310/31/news007.html

Slack もついに AI 本格導入　英米ではプロンプトなしで使える要約機能が人気
https://ledge.ai/articles/slack_ai_release

大和証券 G 本社、英語での情報収集などに「ChatGPT」利用
https://shikiho.toyokeizai.net/news/0/667301

伊藤忠商事が「社内版 ChatGPT」を4200人に導入開始…"商社が使う生成 AI" への期待
https://www.businessinsider.jp/post-273084

LIFULL、生成 AI 活用により合計20,732時間の業務時間を創出
https://enterprisezine.jp/news/detail/19557

【実録】社内 ChatGPT 構築方法の詳細、失敗した点と盲点すぎた「成果の出し方」
https://www.sbbit.jp/article/cont1/137053

生成 AI、那覇市はどう活用？　職員も思いつかなかった、AI が提案したアイデアとは
https://www.itmedia.co.jp/business/articles/2405/10/news029.html

第一三共が自社生成 AI システム「DS-GAI」を 1 カ月で導入、個別業務への最適化も想定
https://xtech.nikkei.com/atcl/nxt/news/24/00531/

ベイシアグループデジタルアカデミー
https://www.bg-sol.co.jp/career/05/

ソフトバンクの事例に見る生成 AI 活用 "成功の鉄則"「離脱者」を防ぐ施策とは？
https://www.sbbit.jp/article/sp/135138

アシックスの DX を進めた新社長が語る、真のデジタルドリブンカンパニーの条件
https://jbpress.ismedia.jp/articles/-/80888

北海道　道における生成 AI サービスの利用について
https://www.pref.hokkaido.lg.jp/sm/jsk/190645.html

東京葛飾区 区の大量のデータと組み合わせた生成 AI を導入
https://www3.nhk.or.jp/shutoken-news/20240614/1000105497.html

RAG での回答精度向上のためのテクニック集（RAG とは何か）
https://zenn.dev/knowledgesense/articles/47de9ead8029ba

OpenAI のファインチューニング API の新機能
https://note.com/npaka/n/ne41cba4111a0

ChatGPT のライバル「Claude 3」の使い方　良い点、悪い点まとめ
https://ascii.jp/elem/000/004/190/4190060/

AI 検索「Perplexity」がかなり便利だったので紹介します
https://ascii.jp/elem/000/004/192/4192351/

小さくても強力：小規模言語モデル Phi-3の大きな可能性
https://news.microsoft.com/ja-jp/2024/04/24/240424-the-phi-3-small-language-models-with-big-potential/

GPT-4レベルの衝撃　PC 内で使えるオープン LLM「Command R ＋」
https://ascii.jp/elem/000/004/192/4192907/

【発表資料】

ChatGPT － LLM システム開発大全　日本マイクロソフト　蒲生弘郷
https://speakerdeck.com/hirosatogamo/chatgpt-azure-openai-da-quan

ChatGPT の衝撃－2024年 3 月バージョン-　日本マイクロソフト　畠山大有
https://speakerdeck.com/dahatake/chatgpt-dezi-fen-noshi-shi-gadoule-sikunarunokawokao-erunetaji-2023nian-12yue-baziyon

生成 AI によるプロダクトと生産性向上の舞台裏 @2024.04.16
https://speakerdeck.com/mazeltov7/sheng-cheng-ainiyorupurodakutotosheng-chan-xing-xiang-shang-nowu-tai-li-at-2024-dot-04-dot-16

LayerX における ChatGPT を活用した PoC 事例
https://speakerdeck.com/yuya4/layerx-poc-with-chatgpt

機械学習を「社会実装」するということ2024年版／
https://speakerdeck.com/moepy_stats/social-implementation-of-machine-learning-2024

AI 戦略の課題と対応
https://www8.cao.go.jp/cstp/ai/ai_senryaku/9kai/shiryo1-1.pdf

生成 AI の産業における可能性　松尾研究室
https://www8.cao.go.jp/cstp/ai/ai_senryaku/9kai/shiryo1-4.pdf

「AI 制度に関する考え方」について
https://www8.cao.go.jp/cstp/ai/ai_senryaku/9kai/shiryo2-1.pdf

日清食品ホールディングス　生成 AI 活用の取り組み
https://www.nissin.com/jp/ir/library/event/pdf/20240314_2.pdf

【調査レポート】

生成 AI に関する実態調査　2023-12-07
https://www.pwc.com/jp/ja/knowledge/thoughtleadership/generative-ai-survey2023_autumn.html

マッキンゼーアンドカンパニー　「生成 AI がもたらす潜在的な経済効果」
https://www.mckinsey.com/jp/~/media/mckinsey/locations/asia/japan/our%20insights/the_economic_potential_of_generative_ai_the_next_productivity_frontier_colormama_4k.pdf

DX 白書2023（独立行政法人 情報処理推進機構）
https://www.ipa.go.jp/publish/wp-dx/gmcbt8000000botk-att/000108041.pdf

生成 AI の利用ガイドライン（日本ディープラーニング協会）
https://www.jdla.org/document/#ai-guideline

生成 AI の利用ガイドライン作成のための手引き（STORIA 法律事務所）
https://storialaw.jp/blog/9414

AI 事業者ガイドライン（総務省）
https://www.soumu.go.jp/main_sosiki/kenkyu/ai_network/02ryutsu20_04000019.html

令和 4 年版消費者白書　第 1 部第 2 章第 2 節　（2）若者の消費者トラブル
https://www.caa.go.jp/policies/policy/consumer_research/white_paper/2022/white_paper_137.html

【書籍】

『解像度を上げる』（馬田隆明／英治出版）

『文系 AI 人材になる』（野口竜司／東洋経済新報社）

『ChatGPT の法律』（田中浩之他／中央経済社）

『面倒なことは ChatGPT にやらせよう』（カレーちゃん、からあげ／講談社）

『カスタム ChatGPT 活用入門』（清水理史／インプレス）

『実践データマネジメント』（川上明久／日経ＢＰ）

『生成 AI 時代を勝ち抜く事業・組織のつくり方』（梶谷健人／日経ＢＰ）

『マッキンゼー REWIRED』（エリック・ラマール他／東洋経済新報社）

『付加価値ファースト』（木村哲也／技術評論社）

『データドリブン・カンパニーへの道 』（河本薫／講談社）

『DATA is BOSS』（榊淳／翔泳社）

『統計学の基礎から学ぶ　Excel データ分析の全知識』（三好大悟／インプレス）

『システムを作らせる技術』（白川克、濵本佳史／日本経済新聞出版）

『旭化成のデジタル共創戦略』（旭化成株式会社デジタル共創本部編／中央経済社）

『実践　生成 AI の教科書』（株式会社日立製作所 Generative AI センター監修／リックテレコム）

『陰謀論はなぜ生まれるのか』（マイク・ロスチャイルド／慶應義塾大学出版会）

【漫画】

『闇金ウシジマくん』30 〜 32巻　FA（フリーエージェント）くん編（真鍋昌平／小学館）

『テロール教授の怪しい授業』（カルロ・ゼン、石田点／講談社）

【取材協力】

三井住友海上火災保険株式会社
ライオン株式会社
住友生命保険相互会社
株式会社ベネッセホールディングス

【執筆協力】

株式会社データラーニング　村上　智之
慶應義塾大学グローバルリサーチインスティテュート所員　荒川　稜子

著者プロフィール

マスクド・アナライズ

AIコンサルタント。
AIスタートアップ社員として、AIやデータサイエンスについてSNSによる情報発信で注目を集める。退職後は独立し、企業におけるChatGPT及び生成AIの導入活用やDX（デジタル・トランスフォーメーション）を支援している。企業研修において、JR西日本、Siemens Healthineers（シーメンスヘルスケア）、日立製作所などの実績がある。イベント登壇はソフトバンク、特許庁、マクニカ、HEROZなど多数。記事連載はITmedia NEWS、ASCII STARTUP、Business Insider Japan、エンジニアtypeがある。解説動画として地方創生カレッジ（内閣府）、NewsPicks Learningに出演。東京大学と武蔵野大学にて、特別講義を実施している。著書に『データ分析の大学』（エムディエヌコーポレーション）、共著書に『これからのデータサイエンスビジネス』（同）、『AI・データ分析プロジェクトのすべて』（技術評論社）がある。

著者へのお問い合わせは、下記のQRコードより受け付けております。

会社で使えるChatGPT

個人の業務改善も組織への導入&活用も1冊で完全理解！

2024年11月5日発行

著　　者——マスクド・アナライズ
発行者——田北浩章
発行所——東洋経済新報社
　　　　　〒103-8345　東京都中央区日本橋本石町1-2-1
　　　　　電話＝東洋経済コールセンター　03(6386)1040
　　　　　https://toyokeizai.net/

装　　丁……………………小口翔平＋後藤司(tobufune)
本文デザイン・DTP……二ノ宮匡(nixinc)
製　　版……………………朝日メディアインターナショナル
印　　刷……………………TOPPANクロレ
編集担当……………………齋藤宏軌
Printed in Japan　　　　ISBN 978-4-492-04779-8

　本書のコピー、スキャン、デジタル化等の無断複製は、著作権法上での例外である私的利用を除き
禁じられています。本書を代行業者等の第三者に依頼してコピー、スキャンやデジタル化することは、
たとえ個人や家庭内での利用であっても一切認められておりません。
　落丁・乱丁本はお取替えいたします。